社会体育指导员技术等级培训教材

［二级］

SHEHUI TIYU ZHIDAOYUAN
JISHU DENGJI PEIXUN JIAOCAI
[ERJI]

国家体育总局群众体育司
国家体育总局社会体育指导中心 编

人民体育出版社

图书在版编目（CIP）数据

社会体育指导员技术等级培训教材. 二级 / 国家体育总局群众体育司, 国家体育总局社会体育指导中心编. -- 北京 : 人民体育出版社, 2017 (2025.12重印)
ISBN 978-7-5009-5263-3

Ⅰ. ①社… Ⅱ. ①国… ②国… Ⅲ. ①全民体育－体育工作者－中国－技术培训－教材 Ⅳ. ①G812.4

中国版本图书馆CIP数据核字(2017)第238528号

社会体育指导员技术等级培训教材. 二级

国家体育总局群众体育司　国家体育总局社会体育指导中心　编
出版发行：人民体育出版社
印　　装：北京润田金辉印刷有限公司

开 本：787×960　16开本　　印 张：14.5　　字 数：200千字
版 次：2017年10月第1版　　印 次：2025年12月第14次印刷
书 号：ISBN 978-7-5009-5263-3
印 数：120,001—130,000册
定 价：25.20元

购买本社图书，如遇有缺损页可与发行与市场营销部联系
联系电话：（010）67151482
社　　址：北京市东城区体育馆路8号（100061）
网　　址：https://books.sports.cn/

编写说明

本套《社会体育指导员技术等级培训教材》包括三级、二级、一级、国家级四册，由国家体育总局群众体育司、社会体育指导中心组织有关专家根据《社会体育指导员技术等级培训大纲（2011版）》编写和审定。任海教授担任审定组组长，审定专家为葛春林、孙飙、裴立新、郭亦农、赵立、肖焕禹、杨忠伟、杨铁黎、姚克荣、唐可明、张毓芬、徐福全。

本套教材从社会体育指导员的实际工作出发，以工作规范、基本知识、组织管理、健身指导和自设教材为纲目，更贴近培训工作和各级社会体育指导员的工作实际。

本套教材重新归纳、整理了教学专题和知识要点，列举了80余个教学专题和若干知识要点，这些专题和要点吸纳了近年来我国公共体育服务、全民健身志愿服务以及社会体育实践与理论发展的新成果，更加适应社会体育指导员的工作需要。

本套教材编写过程中遵循了以下原则。

1. 思想性和客观性。教材在编写时充分体现科学发展观的思想、构建和谐社会的思想，以及推动社会主义文化大发展大繁荣的思想、落实公共体育服务和《全民健身条例》，强调社会主义市场经济的时代特征，表达社会体育指导员工作为人民服务、为提高人民群众身体健康水平服务的宗旨。

2. 科学性和先进性。教材在编写时努力运用体育科学发展的最新成果，所有概念力求准确无误，论据充分明晰，不引用有争议或尚无准确结论的材料。

3. 实用性和可操作性。为了使教材符合社会体育指导员培训的特点、技术等级标准及培训大纲与考核鉴定的要求，符合我国该级社会体育指导员的实际文化水平与业务水平，不拘泥于系统性和完整性，以实用性和可操作性作为教材的出发点。教材内容的表述力求做到通俗易懂，简明扼要。为便于学员参加自学和考核，每一章都设有本章导读、思考题等内容。

李建国教授为本册主编，于善旭、李建国、毛志雄、李相如等专家分别担任了工作规范、组织管理、基本知识、健身指导部分的组稿和审稿工作。

本册教材编写人员为：刘晓黎（第一章，天津体育学院）、闫旭峰（第二章，北京体育大学）、徐焕新（第三章，天津体育学院）、邹新娴（第四章，北京体育大学）、刘建中（第五章部分内容，上海市社会体育指导员协会）、樊炳有（第五章部分内容，温州大学）、石岩（第六章部分内容，湖北大学）、张伟（第六章部分内容，山西师范大学）、毛杉杉（第七章、第九章，北京体育大学）、毛志雄（第八章，北京体育大学）、韩会君（第十章，广州体育学院）、王月华（第十一章部分内容，吉林体育学院）、李相如（第十一章部分内容，首都体育学院）、石振国（第十二章部分内容，山东大学）、李相如（第十二章部分内容，首都体育学院）、熊鹰（第十二章部分内容，上海市工会管理职业学院）。

本册教材适用于参加二级社会体育指导员培训的学员。体育院校社会体育专业的学生和其他社会体育工作者也可将本教材作为参考用书。

在编写本教材时，参考、引用了国内外相关文献，在此对这些文献的作者表示衷心的感谢！

编　者

2012 年 9 月 10 日

目 录

第一章　依法开展社会体育指导工作

本章导读——　在国家推进依法治国、建设社会主义法治国家基本方略的进程中，体育领域积极实行依法治体，不断将各项体育工作纳入法治轨道。因此，社会体育指导员必须树立明确的法治理念，做到依法开展社会体育指导工作，规范调整和处理好社会体育指导中的各种关系，维护好各方在社会体育指导中的权益，建立良好的社会体育指导法律秩序。本章阐述社会体育指导对于实现公民体育健身权利的重大意义，分析社会体育指导员在依法调整社会体育指导的各方面权利义务关系和维护被指导者合法权益中的有关依据和要求，以便社会体育指导员能够更好地依法履行自己的工作职责。

第一节　社会体育指导与公民的体育健身权利

随着社会的进步和公民权利的逐步发展，体育健身已成为我国公民的一项重要权利。《全民健身条例》对公民的体育健身权利和政府的依法保障作出了明确的规定。社会体育指导以志愿服务的活动方式，在全民健身事业发展中具有非常重要的地位，为公民体育健身权利的实现和保障发挥着不可替代的作用。

一、公民享有法律保障的体育健身权利

（一）公民权利与体育权利

在现代社会中，每个社会成员都被赋予平等的公民地位，享有宪法和法律规定的公民权利。公民权利是指公民依照宪法和法律的规定，为实现某种利益或愿望，有自己做或不做以及要求他人做或不做某种行为的自由或资格，是受宪法和法律保护的做或不做某种行为的可能性。公民权利是民主政治发展的必然产物，保护公民权利是现代法治的根本任务。随着经济、社会、文化的发展和人的利益需求逐渐增长，公民权利日益拓展且不断增添新的内容。

人类进入近现代社会以来，体育逐渐成为国家独立管理的一项社会公共事务，日益成为全民性的社会活动，参与体育不断成为与广大群众切身利益紧密相关的基本需求，一些国家相继在有关法律中确认了公民享有体育方面的各种权利，体育权利逐步发展为一项普遍的公民权利。1978 年，联合国教科文组织大会通过的《体育运动国际宪章》中明确规定：参加体育运动是所有人的一项基本权利，每个人都具有从事体育运动的基本权利。运用法律手段调整公民的体育权利义务关系、依法确认和保护公民的体育权利，成为现代法治建设和人权事业发展的重要内容。

（二）我国法律法规对公民体育健身权利的相关规定

我国是人民当家做主的社会主义国家，确认和保护公民权利是宪法和法律法规的重要任务。在我国公民权利的逐步发展中，公民的体育权利从《中华人民共和国宪法》（以下简称《宪法》）和《中华人民共和国体育法》（以下简称《体育法》）等法律中的有所体现，到《全民健身条例》的专门规定，为公民体育健身权利的确认和保护建立了一定的法律基础。

我国宪法对公民的基本权利作出了规定，相关内容体现了对公民体育权利的保护。宪法关于“国家发展体育事业，开展群众性体育活动，增强人民体质”的规定，以及国家促进青少年儿童体质发展、各级政府领导和管理体育工作及公民有进行其他文化活动的自由等有关规定，都反映了国家保护公民体育权利的要求。

作为我国体育基本法的《体育法》，在总体上贯彻了保护公民体育权利的宗旨和原则，体现了保护公民体育权利的一系列内容。其中包括开展群众性体育活动，提高全民族身体素质，体育工作坚持以开展全民健身活动为基础；国家对青少年儿童体育活动给予特别保障，增进青少年儿童的身心健康；国家提倡公民参加社会体育活动，增进身心健康；地方各级人民政府应当为公民参加社会体育活动创造必要的条件，支持扶助群众性体育活动的开展等规定，体现了国家对公民体育健身权利的保护。

《全民健身条例》是我国专门的全民健身行政法规，直接将保障公民在全民健身活动中的合法权益作为一项立法，明确作出了“公民有依法参加全民健身活动的权利，地方政府应当依法保障公民参加全民健身活动的权利”的规定，并且从促进全民健身活动开展和提高人民身体素质的角度出发，对全民健身涉及的各个方面进行了规范，成为保护我国公民体育健身权利的重要法规依据。

此外，《学校体育工作条例》《公共文化体育设施条例》《国家体育锻炼标准施行办法》等有关全民健身的法律、法规和规章，也从不同角度对全民健身的有关内容进行了规范，逐步形成了我国公民体育健身权利保护的法律法规体系。

二、获得体育指导是公民的权利

（一）公民享有获得体育指导的学习权利

公民参加体育健身活动的权利具有丰富的内涵，主要表现为体育健身活动的平等参与权、体育健身活动与方法的选择权、加入体育健身活动组织权、维护和增进体质健康权，以及在参加体育健身过程中的有关人身权、财产权等。其中，获得体育健身指导的学习性权利也是一项重要的权利。

学习是指个人或群体在一定的组织环境中，通过各种方式获得教育信息，从而增长知识、提高能力和促进发展的活动。广大健身群众在全民健身活动中接受社会体育指导员的指导服务，就是一种学习的过程。为了能够获得比自己独立锻炼更快更好的健身效果，人们往往希望和需要得到具有专业知识技能的他人帮助，这就使得随着体育健身活动的日益普及，接受社会体育指导的学习也成为一种普遍的社会需求。为了适应和满足健身群众的这一需求，国家对社会体育指导活动在法律法规上作出规定并进行制度化的发展，这是对公民享有的体育健身指导的学习权利的确认。

（二）国家有义务为公民获得体育指导提供条件

接受和获得体育指导既然成为公民体育健身中的需求和权利，这就意味着国家成为满足需要和实现权利的义务主体，要对满足和实现公民体育指导的需求与权利负责，而且必须提供必要的条件，来适应和满足公民获得体育指导的需要。

多年来，国家一方面通过《体育法》《全民健身计划纲要》《全民健身条例》以及社会体育指导员工作的各种规章对社会体育指导活动进行了法律法规上的确认，为开展社会体育指导工作和保证公民获得体育指导的权利提供了法律法规依据；另一方面，国家不断推动社会体育指导工作的实践发展，创造各种条件，努力将公民获得体育指导的权利落到实处。

三、社会体育指导与公民体育健身权利的实现

（一）社会体育指导能够在满足公民的公共体育服务需求中发挥作用

在不断加强我国公共体育服务的过程中，全民健身公共服务在满足公民体育健身权利的需求中意义重大。社会体育指导作为公益性志愿服务活动，是政府和社会向健身群众提供全民健身公共服务的重要内容，社会体育指导员是开展全民健身公共服务的重要力量，因而可以在通过全民健身公共服务满足公民体育健身权利需求中发挥出更大的作用。

多年来，国家采取各种措施来推进社会体育指导员工作和队伍的建设，通过各种组织领导形式加强对这一工作的领导，建立健全和完善社会体育指导员工作的制度体系，拨付专项资金保证免费培训指导员和开展相关的工作，开展了各种促进队伍建设发展和作用发挥的活动，使我国社会体育指导员工作逐步规范，社会体育指导员队伍迅速壮大，指导受益面扩大，指导水平和工作效果不断提高，较好地体现了全民健身公共服务的工作成效。

（二）社会体育指导能够为公民科学健身提供帮助

促进公民健身权利的实现，意味着公民要在促进身心发展方面获得相关的利益，通过健身锻炼获得健康的体魄，养成健康快乐的生活方式。社会体育指导员经过系统的专业培训，具备科学健身的知识和方法，因而成为科学健身的指导者和体育活动的组织者，特别是能够消除盲目健身或因缺少健身知识、方法和缺乏专业指导而造成身体损伤的现象，而且能够使健身群众获得因人制宜的针对性指导。正是通过社会体育指导员的指导服务，健身群众科学健身的需求才能够得以满足。

（三）社会体育指导能够促成全民健身的良好氛围

体育健身大多是群体性活动，常常以一定的组织形式使健身者参与到一定群体的健身活动中 。这是健身群众相互交流、相互促进的学习需要，也是健身群众对依托良好群体环境氛围的心理需求。社会体育指导活动都是通过一定的群体组织来开展健身

活动的，社会体育指导员在这样的群体活动中充当着组织者、策划者、带领者和指导者的角色，需要通过建立和营造良好的团队活动氛围来吸引健身群众的热情参与，调动健身群众科学健身的能动性和积极性，加强健身群众之间的相互支持和帮助，并且能够形成全民健身志愿服务的更大声势，促进全民健身活动更加广泛地开展。社会体育指导员所营造的良好的社会体育指导和全民健身活动环境与氛围，对于满足健身者参与群体性健身活动和获得良好心理感受的权利需求，同样能够产生积极的效果。

第二节　依法调整社会体育指导中的各种关系

社会体育指导员在指导服务过程中会与不同主体产生多方面的关系。这些关系主要包括社会体育指导员与管理组织之间的关系、社会体育指导员之间的关系、社会体育指导员与指导对象之间的关系。依照法律规定恰当地调整好这些关系，是顺利开展社会体育指导活动的客观需要，也是社会体育指导员应该具有的基本素质和能力。

一、依法调整社会体育指导员与管理组织的关系

（一）社会体育指导员与相关组织存在的管理关系

在开展体育健身指导活动中，社会体育指导员会与不同的管理组织产生各种工作关系。

1. 社会体育指导员与体育行政主管部门存在着管理工作关系

根据《社会体育指导员管理办法》的规定，国家体育总局主管全国的社会体育指导员工作，县级以上地方体育主管部门负责本行政区域内的社会体育指导员工作，体育主管部门依法对社会体育指导员工作进行管理、指导、监督，全面负责对社会体

育指导员的组织领导、教育培训、批准授予、注册管理、档案管理、经费保障等各方面的管理工作。

2. 社会体育指导员与有关体育组织存在着各种管理工作关系

这些关系是：社会体育指导员加入社会体育指导员协会，社会体育指导员协会可以接受体育主管部门的委托承担社会体育指导员管理的具体工作，这使二者之间形成了一定的管理关系；社会体育指导管理中心、全民健身管理中心、文体工作站等基层文化体育组织，也可以接受体育主管部门的委托承担社会体育指导员管理的具体工作，从而与社会体育指导员形成了一定的管理关系；全国性和地方性的行业体育协会、单项体育协会都从全民健身工作的角度与社会体育指导员存在着一定的管理关系，而且一些全国性和省级行业、单项体育协会经批准可负责社会体育指导员的培训、审批等管理工作，与社会体育指导员直接形成了管理关系。

3. 社会体育指导员与服务工作所在的组织存在着管理工作关系

社会体育指导员在城乡社区的基层体育活动组织中开展指导服务工作，要与体育健身活动站点、体育健身团队、体育俱乐部等基层体育活动组织，甚至会与有关社区工作组织、居委会和村委会等组织形成组织或个人的管理关系；在机关、团体、企事业单位开展指导服务活动的社会体育指导员，也要同这些单位和单位中的体育组织形成一定的管理关系。

（二）依法对社会体育指导员与各类组织的管理关系进行调整

上述不同的管理关系具有不同的法律性质，要依法进行不同方式的调整。在体育主管部门与社会体育指导形成的行政管理关系中，作为行政主体的体育主管部门是代表国家政府的意志，行使法律法规确定范围内的体育行政职能，对作为行政相对人（即被行政管理的一方当事人）的社会体育指导员进行管理，形成的是一种运用国家行政权力的管理关系。体育主管部门必须依法行使行政职权，社会体育指导员认为体育主管部门在具体管理中对自己的合法权益造成侵犯的，可以申请行政复议或提起行政诉讼。当前面所述的一些非行政机构的社会组织接受体育主管部门委托进行社会体育指导员工作的具体管理时，是代表行政主体行使行政职权，与社会体育指导员形成的仍然是一种行政管理关系。

社会体育指导员协会、航宇体育协会、单项体育协会等体育组织在管理社会体育指导员工作中，与社会体育指导员形成的是社团内部的自律管理关系。各种体育协会作为社会团体，是由加入它的个人和单位按照共同的意愿结合而形成的群众性组织，在法律的范围内，依照作为组织自治规范的社会团体章程，对社团事物和会员进行自律管理。这些体育协会对社会体育指导员工作负有行会性的管理职责，与社会体育指导员形成了区别于行政管理的社团内部自律管理关系。

各种社会体育指导员所在的基层体育活动组织以及机关、团体、企事业单位，作为开展全民健身工作的组织与社会体育指导员个人所形成的管理关系，是一种组织内部的管理关系。社会体育指导员在机关、团体、企事业单位中的指导活动是业余性的志愿服务，这样形成的关系不是工作或劳动关系。这与社会体育指导员在非正式编制的基层体育活动组织中进行的志愿服务一样，是一种根据约定而形成的契约性工作关系。

二、依法调整社会体育指导员之间的关系

（一）社会体育指导员之间存在的内外部关系

在同一个体育健身组织或健身活动场所内工作的社会体育指导员之间存在的关系，称为内部关系；社会体育指导员与自己所在体育健身组织或健身活动场所之外的社会体育指导员之间存在的关系，称为外部关系。

（二）依法调整社会体育指导员之间的各种关系

社会体育指导员之间的内外部关系在内容和形式上有所不同。在内部关系中，社会体育指导员处于同一组织或场所，具有基本一致的服务对象和工作目标，有着较为充分的联系与沟通条件，竞争性相对较弱且不外显。而外部关系则因分属于不同的组织或场所，联系与沟通相对较少，而竞争性更为显著，甚至可能会因争夺健身活动地点或争取健身群众的加入而产生某些矛盾和冲突。

不论是内部关系还是外部关系，社会体育指导员在为健身群众提供志愿服务 的过程中，都要按照《社会体育指导员管理办法》的要求，做到与其他社会体育指导员

互相尊重、相互配合，处理好相互之间平等的民事关系。依照我国民法的规定，当事人在民事活动中的地位平等，民事活动应当遵循自愿、公平、诚实守信等原则。不同体育健身组织或健身活动场所的社会体育指导员共同成为从事指导服务这一民事活动的当事人，具有完全平等的法律地位。社会体育指导员在处理相互关系时，要互相尊重、沟通协商、加强协作，要充分表达自己的愿望，不能将自己的意志强加于他人。在处理社会体育指导员之间的内部关系时，做好团结和协作相对容易一些。而在处理社会体育指导员之间的外部关系时，则需要给其他组织或场所的社会体育指导员以更多的尊重和信任，以促进顺畅而和谐的交流，做到公平竞争，在相互激励和特色化推进的过程中实现共同进步和发展。

三、依法调整社会体育指导员与健身群众的关系

（一）社会体育指导员与健身群众之间的关系特点

社会体育指导员是体育部门、体育组织联系健身群众的“桥梁”和“纽带”，是对健身群众进行“传道授业解惑”的良师益友。他们与健身群众的密切关系有着重要的意义，在社会体育指导活动中，社会体育指导员与被指导的健身群众之间不仅形成了一种提供指导服务和接受指导服务的关系，还形成了一种教学指导和学习提高的关系。这两种关系主要具有以下特点：一是社会体育指导员具有主导性，在体育健身活动指导中处于主导地位，向健身群众传授体育健身技能及方法，组织和带领健身群众开展体育健身活动，要对健身群众的学习提高过程和体育健身活动进行一定的管理；二是社会体育指导员与健身群众之间具有互动性，双方形成了一种不能分离、相互促进的关系，其中一方的积极努力都会对另一方产生促进效果；三是社会体育指导员对健身群众的服务性，社会体育指导是一种志愿服务，其目的是为了健身群众理解、掌握和运用好科学健身的知识与方法，促进健身群众的身心发展和提高其体质健康水平，以健身群众的幸福快乐作为自己追求的目标。

（二）依法调整社会体育指导员与健身群众之间的关系

社会体育指导员与健身群众之间同样是一种平等的民事关系。虽然社会体育指导员对健身群众的指导具有主导性和一定的管理形式，但双方在法律地位上是平等的民事主体，在提供指导和接受指导的过程中形成了一种事实上的契约关系，存在着一种类似服务合同的权利义务关系。双方在相互尊重、平等协商的基础上，都要讲求信用、履行承诺，在相互的配合中实现指导活动的顺利进行和最佳效果。

同时，社会体育指导员作为具有主导性和能动性的提供指导服务的主体，更好地依照有关法律法规的规定，做到依法指导服务。根据《社会体育指导员管理办法》的规定，社会体育指导员应当向健身群众传授健身技能、组织健身活动、宣传科学健身知识；应当坚持科学、文明、安全、诚信的原则，因人、因时、因地制宜，提高健身者的健身技能和身体素质；应当加强对健身群众的安全管理，防止发生人身伤害事故；应当与健身群众保持和谐关系；在志愿服务中如有宣扬封建迷信和其他不文明、不健康的行为，并造成不良影响和后果的，应当承担必要的法律责任。这些是社会体育指导员依法指导的行为准则，也是处理和协调好与健身群众关系的重要要求。

第三节　依法维护健身群众的合法权益

社会体育指导员在依法进行全民健身志愿服务中，仍然是以保障和实现公民的体育权利为根本宗旨，依法维护好被指导服务的健身群众的合法权益。为此，社会体育指导员要切实保证体育健身指导的科学性，提高体育健身指导的服务质量，维护健身群众的安全和尊严。

一、保证体育健身指导的科学性

（一）科学的体育指导才能产生良好的健身效果

健身群众参与体育锻炼的目的各有不同，有的是为了治疗疾病，有的是为了增强体质，有的是为了塑造健美的体态。但不管其具体目的是否一样，体育健身的首要和最终目标都是为了提高生命质量，形成健康的生活方式，实现身心全面和谐的发展。

盲目地进行体育锻炼或不讲科学的偏颇追求，很可能会适得其反，不仅不能达到理想的健身效果，反而会损害身体健康。只有按照体育健身的客观规律进行科学的指导，才能产生良好的健身功效。影响人的身心发展和体质健康的因素有很多，促进人的身心和谐发展和增进体质健康的方法和途径多种多样。如何根据不同时期、不同地区、不同人群的实际情况和客观需求，有针对性地、科学有效地开展体育健身指导活动，无疑对社会体育指导员的科学素养和能力是一个重大的考验。因此，能否科学地进行体育健身指导活动，是保证和维护健身群众合法权益的首要条件。

（二）实现和保障健身群众基本的科学健身权益

向健身群众提供科学的体育健身知识、技能和方法，实现和保障健身群众基本的科学健身权益，是社会体育指导员重要的法定义务和职责。为此，社会体育指导员要提高自身的科学健身素养，钻研相关的理论知识和技能方法，与时俱进地不断了解和掌握科学健身的最新动向，加强科学健身指导的实践探索和经验积累。在指导服务的实践过程中，社会体育指导员要加强科学健身理念和知识的宣传与引领，提高所传授的体育动作技能的正确性和运用体育动作技能健身的科学性，帮助健身群众学会选择体育健身的运动负荷和合理安排健身计划节奏的方法，以促进健身群众的身心全面发展和满足广大群众的科学健身需求。

二、提高体育健身指导的服务质量

（一）健身群众存在着多样化的健身需求

在获得基本的科学健身技能和方法的基础上，健身群众因地域、性别、年龄、人群类别、健身目标的不同，加上日益丰富的健身活动内容，因而有越来越多样化的健身需求。有些人在掌握健身技能和方法的过程中，希望使自己的情绪和精神能够得到调节；有些人要求获得更多的体育健身情趣和追求快乐体验，渴望参加更多的趣味性活动；有一些健身群众要求提供更多个性化的指导服务，更有针对性地适应不同的体质和需求状况；还有些人随着健身活动的普及，已不满足于现有的体育项目，追求更加休闲和时尚的运动。这些不断增加的要求，都需要社会体育指导员从维护健身群众合法权益的角度来适应和解决。

（二）为健身群众提供各种高质量的体育指导服务

满足健身群众多样化、高标准的健身需求，不断提高体育健身指导的效果和质量，是社会体育指导员能力与水平的体现，也是对健身群众高度负责和全面实现健身群众合法权益的体现。为了实现这种高质量的体育健身服务，在更高层次上进一步满足和实现健身群众的权益需求，社会体育指导员要承担起更加艰巨而繁重的责任。

三、维护健身群众的尊严和安全

（一）社会体育健身指导中可能出现的尊严和安全问题

维护健身群众的合法权益，还要特别注意在人格和情感上对健身群众的尊重，并且要防范各种不安全因素可能造成的身体伤害。在现实的体育健身活动指导中，缺乏民主平等氛围、以指导者为中心的指导模式有一定的市场，传统的师徒式关系和传授方法仍然存在，不顾健身群众感受而急躁、不耐烦、态度生硬、讽刺挖苦甚至训斥责骂的现象也偶有发生。

由于目前体育健身场地设施整体上水平不高甚至缺乏，很多健身团队的活动条件还很简陋，如果健身群众的安全防范意识不足就很容易发生一些因场地、器材等存在的问题或使用不当而造成的安全事故，特别是有些社会体育指导员缺乏安全管理的意识和能力，科学指导能力不足，不科学的运动负荷或锻炼节奏把握得不当等多种原因，也会产生运动损伤。这些同样是健身群众权益保护中存在的迫切需要解决的问题。

（二）加强对健身群众人格尊严和平安健身的保障

怀有对志愿服务的热爱和对健身群众充满爱心，以及高度自觉的使命感和责任感，是社会体育指导员维护健身群众切身权益的必然要求。社会体育指导员首先要自觉树立和贯彻体育健身平等的观念，摆正自己的位置，给每一位健身群众以极大的人格尊重，以满腔的健身指导热情和和蔼可亲的服务态度，为每一位健身群众做好指导服务。只有充分保护健身群众的人格尊严，才能充分调动健身群众的积极性和能动性，才能在身心协调与和谐友爱的氛围中实现更好的健身指导效果。

要增强对健身群众全面负责的安全管理意识，强化安全责任，加大安全检查和事故防范的各种措施，避免不当或错误的指导，做好各种安全提示和出现伤害事故后的紧急求助工作，特别是在开展危险性体育健身活动时，一定要遵守强制性技术规范，确保健身群众的人身安全，努力构建平安健身的良好局面。

[思考题]

①——什么是公民的体育权利？我国是怎样规定和保护公民体育健身权利的？②——怎样依法调整好社会体育指导员与有关组织的管理关系？③——社会体育指导员应如何依法调整好与其他社会体育指导员之间的关系？④——怎样依法调整社会体育指导员与健身群众之间的关系？⑤——社会体育指导员应从哪些方面依法维护好健身群众的合法权益？

第二章　社会体育指导员的基本行为规范

本章导读——　社会体育指导员行为规范是指社会体育指导员在开展指导工作中应遵循的规则、准则的总称，是在社会体育指导实践中总结出来的并被社会体育指导活动参与者普遍接受的具有一定约束力的行为标准。深刻认识和自觉践行社会体育指导员的行为规范是对社会体育指导员的基本素质要求，也是成为一名合格社会体育指导员的重要标志之一。本章阐述社会体育指导员工作规范化的重要意义，介绍社会体育指导员在社会体育指导活动中应遵循的基本行为规范的主要原则和内容要求。

第一节　社会体育指导工作的规范化

社会体育指导工作的规范化就是将各种社会体育指导工作纳入较为统一的标准之中。规范化是做好社会体育指导工作的必然要求，表现在社会体育指导过程和效果的各个方面，对于提高社会体育指导工作水平有着重要的意义。《社会体育指导员管理办法》设专章对服务规范作出了规定。因而，要高度重视并从多方面加强社会体育指导工作的规范化建设。

一、社会体育指导工作规范化的意义

（一）明晰社会体育指导的各方关系

社会体育指导是一项社会体育指导员在一定组织中与各类人群进行交往的社会性活动，离不开对一定工作对象的管理，总会与社会的相关管理部门和活动组织、有关管理人员、被指导的健身群众、其他指导人员以及各种相关人员产生人际交往和工作

关系。实现社会体育指导工作的规范化，确定社会体育指导员在指导工作中的地位和角色，明确社会体育指导工作的行为标准，有利于社会体育指导员摆正自己的工作位置，恰当处理好自己与各种组织和各类人员的关系，避免因职责不清、标准不明而产生不必要的工作关系和人际关系矛盾，影响社会体育指导工作的开展。

（二）维护社会体育指导的正常秩序

社会体育指导的正常秩序是以社会体育指导员为主导的、依赖于社会体育指导员恰当得体的工作行为所形成的指导活动的有序化状态。社会体育指导员的指导工作行为是否标准规范，将直接决定社会体育指导工作的秩序状态。加强社会体育指导工作的规范化，制定和完善社会体育指导工作的基本规则和行为准则，并使之在指导活动过程中得以贯彻和遵行，不仅有利于促进社会体育指导员在指导工作中依照规范化的方法和程序行事，还有利于社会体育指导工作形成条理化、有序化的局面，有效避免因社会体育指导员行为失范而出现的混乱状态，保障社会体育指导工作正常健康地发展。

（三）保证社会体育指导的服务质量

社会体育指导的服务质量高低和优劣关乎社会体育指导活动宗旨能否实现、社会体育指导工作是否具有生命力的重大问题。而在影响社会体育指导服务质量的各种因素中，社会体育指导员能否遵从体育健身锻炼和指导教学活动的客观规律、是否符合健身群众的身心特点和客观需求，具有决定性作用。社会体育指导工作的规范化就是要根据这些客观的规律、特点和需求，制定出可以被广泛应用于社会体育指导实践的服务标准和工作规则，用以指导、约束和衡量社会体育指导员的指导行为和质量效果，进而促进社会体育指导员在践行这些标准和规则的过程中，不断提高指导服务质量。

二、社会体育指导工作的规范化内容

（一）确定工作质量要求的目标

确定社会体育指导工作质量要求的目标，是以目标为导向、以人为中心、以成果为标准，使组织和个人取得最佳业绩的现代管理方式。实现工作质量要求的目标化，对于有效避免指导工作的随心所欲，促进指导工作质量的提高，为相关部门对指导工作的监督、管理和评估提供依据等有重要作用。

按照《全民健身条例》的规定，促进全民健身活动的开展，保障公民在全民健身活动中的合法权益，提高公民身体素质，是社会体育活动的根本宗旨，也是社会体育指导工作的最高层次目标；《社会体育指导员管理办法》则作出了针对性的总体规定，要求通过各种社会体育指导工作，来提高健身群众的健身技能和身体素质，推动全民健身活动的开展，这是各种社会体育指导工作的共同目标。

要实现社会体育指导工作质量要求的目标，除国家政策法规规定的总体目标外，还需要各级社会体育指导工作管理组织和社会体育指导员因人、因时、因地、因项，科学地确定一个组织或一段时期指导工作质量要求的具体目标。

（二）明确指导服务过程的程序

加强社会体育指导服务过程的程序管理首先要将社会体育指导过程中反复出现的管理方式和业务环节按照其内在逻辑关系编制成相对确定的工作次序、步骤等程序。明确指导服务过程的程序是社会体育指导工作规范化建设的重要内容，通过确定指导服务过程的工作程序，可以使社会体育指导员明了、执行和完成指导服务的基本环节和工作步骤，有秩序地展开自己的指导服务工作。明确指导服务过程的程序是维护社会体育指导工作正常秩序的基础和条件，对增强社会体育指导各项工作之间的协调性、提高体育指导服务工作的质量和效率，具有重要的意义。

（三）进行指导服务效果的评价

社会体育指导工作总是要追求良好的指导服务效果，因而必须对指导服务效果进行评价。社会体育指导的效果评价是检验和衡量社会体育指导员工作成效大小、指导水平高低、质量优劣的重要工作。而为了能够对社会体育指导服务进行科学评价，必须制定相关的评价标准，所以指导服务效果评价是社会体育指导工作规范化的重要内容。通过各种方式对社会体育指导员的工作效果进行评价，不但是社会体育指导员晋升技术等级和表彰奖励先进的必要程序与依据，而且对于广大社会体育指导员不断提高指导服务水平和质量有着重要的鞭策和激励作用。

全面科学地评价社会体育指导效果需要形成多样化的评价标准体系，既包括健身群众学习掌握体育健身技能的程度和体质健康状况、开展指导服务活动和进行社会体育表演的社会反响、对低等级社会体育指导员的指导工作效果、对科学指导工作的规划总结和探索等多个方面的评价内容，也包括健身群众的反映、社会体育指导员的相互评价、体育管理部门和社会体育指导员所在组织的检查评比等多种评价方式。

三、加强社会体育指导工作的规范化建设

（一）增强社会体育指导工作规范化的意识

加强社会体育指导工作的规范化建设，必须提高对其重要性和必要性的认识。无论是社会体育指导工作的管理部门和组织，还是广大社会体育指导员，都要不断提升社会体育指导服务的规范化意识，营造良好的环境氛围，促进社会体育指导工作规范化建设的顺利开展。

（二）健全社会体育指导的服务标准

加强社会体育指导工作规范化建设，必须通过健全社会体育指导的服务标准，为社会体育指导员开展工作提供行为指南，为相关部门指导、检查和评价社会体育指导工作的质量和效果提供依据。与社会体育指导有关的管理机构、业务部门和各种组织，要认真履行自己在社会体育指导工作中的有关职责，做好社会体育指导各种服务标准和行为规则的制定工作，逐步形成和完善社会体育指导的服务标准体系，为社会体育指导的规范化提供依据和基础。

（三）完善指导工作制度和工作纪律

实现社会体育指导工作的规范化，除了直接规范社会体育指导员工作行为的服务标准外，还要有保证这些服务标准执行和发挥作用的工作制度与工作纪律。为了保证国家制定的法律法规的贯彻执行和更具体地指导与规范社会体育指导员的工作，还需要具有可实施性和可操作性的制度与办法，并有针对性地对社会体育指导员的工作提出纪律要求。

（四）保证社会体育指导的规范运行

加强社会体育指导工作的规范化建设，在明确指导服务标准和工作规则要求的基础上，更重要的是在指导服务的实践中执行这些标准和规则，用这些标准和规则去实际规范和促进社会体育指导服务的展开，实际产生规范化的社会体育指导服务效果。为此，社会体育指导员管理机构和组织要做好社会体育指导服务规范化的指导、检查和评价工作，社会体育指导员要自觉主动地在指导服务实践中落实规范化的要求，追求规范化的工作结果。

第二节　业务指导方面的基本规范

业务指导规范是对社会体育指导员专业素质的基本要求，是社会体育指导员实施技术指导工作时必须遵循的行为准则。社会体育指导员在开展体育健身的业务指导工作中，必须遵从科学规律，不断提高业务指导水平和质量。

一、业务指导方面应坚持的主要原则

（一）业务指导要面对的突出问题

社会体育指导员在指导服务中要开展大量的体育技能传授和健身方法指导等技术业务性工作，其核心是解决科学健身的问题。而现阶段我国正在建设和发展的社会体育指导员队伍中，整体素质不高、文化水平偏低仍是制约指导服务效果和质量的重要问题。有些社会体育指导活动的科学含量不高，缺乏理论支撑，凭经验、靠感觉，多以传统的师傅带徒弟的方式进行；有些指导工作的时代性不够鲜明，缺乏与时俱进、开拓创新，指导内容方法因循守旧、不学新知、满足现状；也有的业务指导过程不够

精细和规范，指导不到位，或单纯以业务为主，忽视思想引导与作风培养，或违背指导规律，忽视有关安全管理工作。

这些问题的发生和存在，背离了业务指导的科学性原则，影响甚至危害了社会体育指导工作的质量和效果。

（二）业务指导中应坚持遵从科学的原则

社会体育指导过程中的体育健身技能传授和健身锻炼方法指导，必须符合体育健身指导过程的各种生理、心理、运动技术以及教学训练的客观规律，在各种相关的科学理论知识的指导下进行。不科学地安排指导内容，不采用科学的传授方法，违反科学规律的指导，不但不能产生体育指导的应有效果，反而可能会损害参与者的身心健康。《社会体育指导员管理办法》明确规定，社会体育指导员应当坚持科学、文明、安全、诚信的原则，将科学原则置于首位。为此，在直接针对健身群众身心健康的体育健身技能方法的传授指导中，必须突出科学性，坚持遵从科学的原则，并通过践行以下各方面的行为规范，切实做到科学指导。

二、业务指导方面应遵守的规范内容

（一）求真务实

求真务实是科学世界观和方法论的本质要求。“求真”是要客观地认识事物的本质，把握事物的发展规律；“务实”是要按照客观规律办事，使我们的思想和行为符合客观实际和需要。

社会体育及其指导工作的科学性，决定了社会体育指导员必须具有求真务实的精神素养和行为规范。首先，要求社会体育指导员必须树立科学的世界观、人生观和价值观，培养信仰科学的意识和追求真理的精神；其次，必须勤奋学习体育科学理论知识，刻苦钻研运用体育技能健身的规律，不断探究和创新业务指导的方法和手段；最后，在开展业务指导的实践中，应理论联系实际，以体育科学理论指导体育健身实践，善于将体育科学的一般理论与具体的体育健身技能传授特点相结合，善于总结和提升业务指导实践中获得的成功经验。

（二）精益求精

精益求精是指人们对事物好上加好的主观追求和客观要求。作为对社会体育指导的规范要求，精益求精是社会体育指导员在实施业务指导的过程中应遵循的认真、负责、细致的行为准则和追求卓越的敬业精神。社会体育指导员遵循这一规范主要体现在具有精益求精的思想意识和在指导工作中践行精益求精准则的行为。

社会体育指导员精益求精的思想意识来源于对全民健身事业的忠诚、社会体育指导工作的热爱和自觉奉献的责任感。社会体育指导员在指导服务中践行精益求精准则的行为要求主要体现在以下三个方面：

第一，指导准备环节的精益求精。在进行指导前，不仅要准备技术内容，还要对指导内容、指导方法以及重点难点等环节做好详细具体的准备，也要针对指导对象的性别、年龄、身体状况、体育技术技能基础等方面的情况做好充分的准备。

第二，在专业技术指导过程中精益求精。在教授新动作技术、指导改进动作技能、纠正错误动作等方面既要高标准严要求，又要做到耐心、认真、仔细、循循善诱、诲人不倦。

第三，进行社会体育活动组织安排方面的精益求精。在组织和参加各种社会体育竞赛、表演交流等活动中，要做到科学地制订活动方案，有序地组织活动。

（三）安全第一

社会体育指导活动是一项参与人数多、参与人员复杂且多在一定场地内聚集的社会性活动，有些活动还需要借助体育器材、设施进行，因而既存在着因锻炼活动本身而出现身体伤害的可能性，还存在着因人们互动影响和某些设施器材或环境的作用而产生不安全后果的可能性。安全第一是正常开展社会体育指导活动的基本要求。一旦发生伤害和安全事故，必然会对指导活动带来负面影响，再高超的技艺和指导水平也不能发挥作用。

社会体育指导员在开展指导服务的过程中，首先要有强烈的安全防范意识，牢固树立“安全第一”的观念，在整个指导过程始终不忘安全管理工作，并加强对健身群众的安全教育和安全意识的培养；其次，要具有安全管理的知识和技能，采取检查和防范不安全事故的措施，消除安全隐患，做好处理安全事故的预案；再次，在指导过程中要严格执行安全工作原则，科学运用指导方法和正确掌握运动负荷，做好准备活动、整理活动和安全保护；最后，一旦发生了安全事故或出现了紧急状态，要及时取合理的保护救助和安全疏散等措施，防止事故扩大化。

（四）指导育人

指导育人是指社会体育指导员要全面关心健身群众的身心发展进步，在向学员传授专业知识和技能的同时，通过言传身教，完善健身群众的人格和品行。社会体育指导活动是一项传播先进体育文化和促进社会和谐文明的活动，承担着建设社会主义精神文明和促进人全面发展的重要职责。通过指导育人，促进健身群众全面发展和文明健康社会风尚的形成，是社会体育指导员的神圣职责和应尽的崇高道德义务。

要在社会体育指导中做到指导育人，首先要充分认识育人的重要性和必要性，提高育人的自觉性和积极性，坚决避免只负责指导而不管育人的思想和做法；其次，社会体育指导员自身在思想、道德品行和教风作风等方面，要做到严于律己、以身示教、为人师表；再次，要善于将指导与育人紧密结合，既要寓思想品德教育于业务指导之中，也要充分应用技术指导和传授动作技能过程中的育人要素，避免出现指导与育人脱离的现象；最后，要努力创造社会体育指导中的育人文化和环境氛围，积极宣传和扩大社会体育指导的育人影响。

第三节　管理服务方面的基本规范

管理服务规范是指社会体育指导员在对体育健身活动和健身群众进行组织管理和提供服务中应遵循的行为准则。社会体育指导是直接对健身群众的管理服务活动，必须坚持以人为本，从健身群众的实际出发，满足他们的身心发展需要，实现社会体育指导的根本目的。

一、管理服务方面应坚持以健身群众为本的原则

坚持以健身群众为本的原则，既是实现社会体育指导活动根本目的的必然要求，也是处理和协调社会体育指导员与健身群众关系的基本准则，是社会体育指导工作思路和指导工作过程必须遵从的行为要求。因此，社会体育指导员在管理服务工作中要牢固树立为健身群众服务的意识，千方百计地方便健身群众参加指导活动，切实维护和保障他们的合法利益，科学有效地为他们提供满意的指导服务，不利用指导工作地位谋取任何不正当利益，并通过践行各种行为规范，切实做到以健身群众为本。

在社会体育指导员与健身群众的双向互动中，社会体育指导员无疑是处于主导地位，要主持和管理指导活动的开展。而社会体育指导活动的目的是为广大健身群众提供指导服务，健身群众才是社会体育指导活动的主体，离开了健身群众的需求和参与，社会体育指导活动将失去目的、不复存在。因此，社会体育指导员在管理服务中所依据的不是自己的意愿，而是健身群众的需求，必须以广大健身群众的现实利益和身心发展需要为出发点，切实摆正自己在社会体育指导管理服务中的位置。在现实的指导工作中，还存在着部分社会体育指导员以自己为中心的现象，较多地要求健身群众服从于自己工作，而主动为健身群众服务的意识不强，这在一定程度上影响着社会体育指导水平的提高。

二、管理服务方面应遵守的规范内容

（一）规范有序

规范有序包括三方面含义：社会体育指导管理服务应有章法有规矩；社会体育指导员在管理服务工作中能遵章守纪；社会体育指导管理服务工作开展有条不紊，计划性强。只有做到规范有序，才能保证社会体育指导的顺利进行，才能使健身群众从指导服务中受益。

遵循这一规范对社会体育指导员工作的基本要求是：认真学习有关的法律法规和规章制度，注重制定和完善管理服务方面的工作规范，使社会体育指导工作依法办事，有章可循；加强指导工作的计划性，提高指导工作的条理性；在指导管理过程中根据规范行事，克服盲目性和随意性，建立规范的社会体育指导工作秩序。

（二）协调得当

协调是正确处理管理服务中各种关系的行为准则。协调的内容主要包括处理社会体育指导员与社会相关部门、单位、组织及其各种人员之间的关系；社会体育指导员与健身群众之间以及与其他社会体育指导员之间的关系等。社会体育指导员所涉及的各种组织和人员，必然有着不同的利益和需求，甚至可能形成一定的矛盾和冲突。因此，必须从社会体育指导的大局出发，协调得当地处理好各相关方面的关系，形成社会体育指导的和谐工作局面。

遵循这一规范对社会体育指导员工作的基本要求是：努力培养协作意识和团队精神，树立大局意识和整体观念；在管理服务过程中能够掌控全局，平衡关系，化解矛盾，保持指导活动过程的和谐状态；作风民主，平等待人，谦虚谨慎，严于律己，尊重他人，加强团结。

（三）热忱周到

热忱周到是对社会体育指导员工作态度和服务状态的要求。热忱主要是指对健身群众持有主动、真诚、热情、耐心的态度，以自己的知识和专长为他们提供满意的服务；周到则是指管理服务工作能够做到周全、到位，没有疏漏。社会体育指导员在管理服务中做到热忱周到，是以健身群众为本这一原则的必然体现。

遵循这一规范对社会体育指导员工作的基本要求是：树立全心全意为健身群众服务的思想，强化在指导管理中的服务意识，端正服务态度；在指导服务过程中努力做到热情友好、主动诚恳、认真负责、耐心细致、宽容周到；千方百计地为健身群众参与指导活动提供方便、解决困难，全面关心健身群众身心健康的发展，有效维护健身群众的合法权益。

（四）尽责高效

尽责高效是对社会体育指导员管理服务工作责任心和工作效率方面的行为要求。尽责是指社会体育工作者忠于岗位，全身心投入，全力以赴地履行工作职责；高效则是指追求和提高管理服务效益和效率，在单位时间内高标准、高质量地完成更多的工作任务。社会体育指导员在指导服务中做到尽责高效，是对健身群众负责的具体体现。

遵循这一规范对社会体育指导员的基本要求是：增强从事社会体育指导工作的使命感、责任感和奉献精神，自觉维护社会体育指导员的信誉和形象；在指导服务中认真履责，恪尽职守，倾心投入，善始善终，从小事做起，追求细节完美，努力提高管理服务水平；工作中开拓进取，勤于创造，勇于承担责任；树立“又好又快”的效益观念，既追求管理服务的效益最优化，也追求管理服务的效率最大化，努力实现指导工作质量与效益、效率的和谐统一。

第四节　礼仪举止方面的基本规范

社会体育指导中有关礼仪举止方面的基本规范既包括组织各种社会体育活动的仪式礼节要求，也包括社会体育指导员个人行为举止、仪表仪态、言论谈吐等方面的行为准则。《社会体育指导员管理办法》设专条对社会体育指导员的行为举止作了明确规定：社会体育指导员在开展志愿服务时应当佩戴证章、着装得体、语言文明、行为规范、爱护健身场地设施并保持环境卫生，自觉树立社会体育指导员的良好形象。社会体育指导员应当认真理解和积极践行这些与指导工作效果有关的基础性行为规范。

一、礼仪举止方面应坚持的主要原则

（一）高度重视礼仪举止的文明建设

社会体育指导员在其指导活动中，要以高尚文明的形象和得体大方的举止呈现在社会和健身群众面前。文明礼仪必然地成为了社会体育指导员基本素养的外在表现和客观要求。而在社会体育指导的现实中，存在着一些社会体育指导员对此认识不高、忽视自身修养的问题，一些行为轻浮、举止粗野、谈吐不雅、不拘小节的现象，在损害着社会体育指导员的形象和社会体育指导工作的效果。因此，一定要高度重视社会体育指导中礼仪举止的文明建设问题。

（二）礼仪举止中应坚持文明大方的原则

高尚奉献的社会体育指导活动必然要求社会体育指导员要有与之相适应的文明大方的礼仪举止。文明的含义和内容深奥而丰富，用在个人身上时，是对一个人思想品行、言谈举止和综合素养的良好评价；大方则是一个人内在文明修养的外在表现，既反映为待人接物大度宽容和恰当得体，又体现为行为举止与其身份和环境的适应协调。

文明大方的礼仪举止是社会体育指导员在履行工作职责时必须遵循的行为准则，要贯穿于社会体育指导行为的全过程，体现在行为举止、言论谈吐、仪容仪表、着装打扮等诸多方面。其基本的要求是：组织开展活动和言行做派要保持健康高雅的人格品位；在处理社会体育指导各方关系中要有开阔的胸怀和良好的精神道德境界；在待人接物和言谈举止上要彬彬有礼、礼貌谦逊、端庄文雅、落落大方；要勇于抵制各种不健康、不道德、不文明的言行，防止不良环境的污染。

二、礼仪举止方面应遵守的规范内容

（一）健康向上

健康向上是指社会体育指导员通过言行举止表现出来的价值取向要积极追求进步、阳光，符合社会文明发展趋势的行为要求。由社会体育指导员自身世界观、人生观和价值观决定的不同倾向的行为举止，将对指导活动和健身群众形成直接的影响。

因此，社会体育指导员必须要有健康向上的精神面貌和言行取向。

社会体育指导员在礼仪举止中坚持健康向上的规范要求，应做到：加强学习，使自己的思想跟上社会的发展，自觉坚持社会主义核心价值体系，不断提高自己的思想道德素质；在社会体育指导活动中要坚持四项基本原则，维护改革发展的大局，用科学发展观指导和规范自己的工作与言行，努力传播科学先进的体育健身理念和知识；注意防范和抵制各种封建迷信和低俗倾向在健身活动中的不良影响，反对庸俗、落后的人际交往。

（二）平易亲和

平易亲和，即平易近人、和蔼可亲，是社会体育指导员在履行工作职责时正确处理人际关系的一项重要的规范要求，是指社会体育指导员在指导服务过程中应当持有的民主平等的工作作风和温和谦逊的性情与态度。遵循这一规范有利于拉近与健身群众之间、与有关管理组织和人员之间以及其他社会体育指导员之间的心理距离，能够更为有效地进行信息沟通和情感交流，加深相互信任，创造有利于社会体育指导工作和谐开展的良好氛围。

对社会体育指导员做到平易亲和的基本要求是：在各种人际交往和指导讲解中，要平等地对待他人，面带微笑，态度亲切和蔼；善于和他人交心，虚心听取别人的倾诉和意见；主动关心他人，有亲和力，诚心诚意地帮助健身群众克服困难，提高指导和学习效果。

（三）礼貌得体

礼貌得体是社会体育指导员履行工作职责时应当遵循的行为准则之一。礼貌是对别人谦虚恭敬和尊重友好，得体足指实施的礼貌行为要适当。

社会体育指导员应以整洁、朴素、亲切、自然的容貌出现在健身群众面前，着装应与所指导的体育项目相协调，如武术指导员的灯笼裤和练功鞋、游泳指导员的泳装和泳帽、健美指导员的健美服装等。不论服装质量和新旧如何，都应做到得体、端庄、整齐、清洁。在岗时，服装不宜花枝招展、奇装异服，也不能衣冠不整、邋遢不堪；不宜过分装扮修饰，也不可不修边幅。

在行为举止方面，社会体育指导员还要表现出稳重端庄和落落大方的精神气质与风度，即言语、举动沉着而有分寸，神情和举止端庄、自然，既不拘束，也不矫揉造作；注意讲究身体的基本姿态，通过正确的站态、坐态和步态，体现自己的精神风貌；在公共场合，一面讲话一面抠鼻子、随地吐痰、吸烟等不拘小节的行为，都会影响社会体育指导员的形象。

礼貌得体还要体现在社会体育指导员文雅适当的语言谈吐上。社会体育指导员进行健身知识技能传授和方法指导时主要依靠语言，因而要求社会体育指导员在体育专业术语的使用上要规范准确；教学指导中的语言要清楚明确、声音洪亮，富有吸引力和感召力；在与各类人员交往时，语言要自然亲切、文明友好、礼貌谦和，并注意各种语言环境和场合。

（四）垂范自律

在进行社会体育指导活动的过程中，社会体育指导员的形象如何至关重要，作为健身群众的第一审美对象，其一举一动、一招一式都会对学员产生潜移默化的影响，因而要求社会体育指导员要做到垂范自律。垂范自律作为社会体育指导员的行为准则，是指社会体育指导员在履行岗位职责时，通过对自己的严格要求、身体力行、言传身教来影响和教育健身群众。

社会体育指导员应从严格自律和率先垂范两方面要求自己并践行这一规范。要求社会体育指导员做到严格自律，就是要求他们在工作中自觉遵守国家的法律法规、方针政策和社会公德，自觉遵守社会体育指导工作的规章制度、工作道德以及各种行为规范，并在工作作风、指导作风、生活作风等各方面都能以较高的境界和标准严格要求自己。而要做到率先垂范，则不但要求社会体育指导员要进行准确优美的动作技术示范，给健身群众以美的感受，激发他们的学习欲望和自觉性，而且要求健身群众做到的，社会体育指导员要首先做到，要求健身群众不做的，社会体育指导员坚决不做，从而形成良好的人格魅力和榜样作用。

[思考题]

①——为什么要推进社会体育指导工作的规范化？如何加强我国社会体育指导工作的规范化建设？②—— 社会体育指导员在业务指导中应坚持什么原则和遵守哪些规范？③——社会体育指导员在管理服务方面应坚持什么原则和遵守哪些规范？

④——社会体育指导在礼仪举止方面应坚持什么原则和遵守哪些规范？

第三章 社会体育指导员的工作职责

本章导读—— 理解和认清社会体育指导员所承担的社会责任，明确社会体育指导服务的范围和要求，自觉而努力地履行自己应尽的工作职责，是社会体育指导员做好社会体育指导服务工作的前提和基础，也是社会体育指导员具有事业心和责任感的具体体现。本章主要阐述社会体育指导员应承担的基本工作职责，并分别对其在传授健身技能、组织健身活动、健身咨询宣传等各方面的工作内容与要求进行了介绍。

第一节 社会体育指导员的基本工作职责

社会体育指导是通过作用于广大群众科学健身而促进全民健身发展和社会进步的重要工作，这样的任务要求决定了社会体育指导员要承担内容广泛且意义重大的工作职责。根据《社会体育指导员管理办法》关于社会体育指导员应当“经常开展志愿服务，提高健身者的健身技能和身体素质，推动全民健身活动的开展”等规定，社会体育指导员应当承担的基本工作职责可概括为以下四个方面：

一、经常开展社会体育指导服务

（一）体育健身活动及社会体育指导需求具有持续性

体育健身是一种反复实践、逐步提高的过程。要取得良好的健身效果，就要遵守循序渐进的规律，坚持不懈地经常参加体育健身活动。体育健身只有经过日积月累的渐进发展，产生身体形态、机能等多方面的变化，才能达到增强体质的目的。体育健身活动具有持续性，决定了社会体育指导需求也必然具有相应的持续性。首先，对于健身群众来说，要熟练掌握一种健身方法和技能，熟知健身的相关知识，绝不是一蹴而就的，而是需要有较长时间的学习和练习过程，所以在这个较长的过程中需要的社会体育指导也必然具有长期性；其次，随着人们对体育需求的增加，不断有新的体育健身爱好者、参与者加入到健身队伍中，新的健身爱好者和参与者不断形成新的体育健身指导需求，这就要求社会体育指导具有经常性；再次，随着体育事业的发展和人们体育需求的增长和变化，新的健身项目不断出现，健身方法、知识及理念也在不断更新，这也对社会体育指导形成了持续性的需求。

（二）经常开展社会体育指导服务的要求

社会体育指导员的指导服务不能是临时性的、短期的行为，而是要长期坚持和经常开展社会体育指导志愿服务，这与那些参加大型赛会和特定工作的志愿者不同。所以社会体育指导员必须具有长期和经常开展指导服务的心理准备和服务愿望。

根据社会体育指导工作的长期性、经常性要求，《社会体育指导员管理办法》为督促社会体育指导员经常从事社会体育指导志愿服务，还作出了约束性规定：社会体育指导员在一个年度内超过半年未开展志愿服务或志愿服务少于30次，不予年度工作注册；未进行工作注册的，不得申请晋升社会体育指导员技术等级。以从多个方面保证社会体育指导志愿服务长期性、经常性地开展。

二、推动全民健身活动的开展

（一）开展群众性健身活动是社会体育指导的基本任务

“开展群众性的体育活动”是宪法对体育工作的基本规定。《体育法》也阐明：“体育工作要坚持以开展全民健身活动为基础”“国家提倡公民参加社会体育活动”。《全民健身条例》更是将“为了促进全民健身活动的开展”作为其立法目的，并设专章对“全民健身活动”作出了全面的规定，从而在国家法律法规上确立起全民健身活动的重要地位，充分表明组织开展广大群众参加的体育健身活动是社会体育的基本任务。多年来，正是越来越多的群众性体育健身活动的蓬勃开展，才使全民健身得到了广泛的社会关注和形成了良好的社会氛围，并推动着全民健身体系的逐步构建，不断满足人民群众日益增长的体育健身需求。

人们参与体育健身活动的目的多种多样，如愉悦休闲、保健康复、养生益寿、人际交往、自我展示等。而无论是哪种目的，都必须通过亲身参与到活动之中才能实现。可见，体育健身活动是一种基本的载体，没有体育健身活动的广泛开展，没有人们对体育健身活动的亲自参与，任何目的的实现都是一句空话。目前我国全民健身活动的形式多样，既包括全国和较大区域范围的规模性活动，也包括区县乡镇和城乡社区的基层活动、机关和企事业单位的内部活动以及一些个体活动。

（二）社会体育指导员在推动全民健身活动开展中的作用和要求

参加体育健身活动是广大群众的客观需求，也是公民的一项重要权利，这就要求国家和社会能够尽责任来保证和满足这一需要，实现这一权利。因此，《体育法》明确了“社会体育指导员对社会体育活动进行指导”，突出了社会体育指导员在开展全民健身活动中的重要作用。

社会体育指导员要通过宣传和自身的带动来号召和感染身边的人群积极参加体育健身活动；要组织和创造各种具有影响力、感召力的“品牌”性体育健身活动，扩大全民健身活动的声势和氛围，以吸引更多的群众参与体育健身活动；要利用各种站点、团队、俱乐部等将广大健身群众组织起来，形成有利于全民健身活动持续稳定地开展的集体环境；要发挥自己的所学和特长，通过熟练的健身技能和科学的健身知识与方法，带领和指导群众更加主动自觉地坚持参加体育健身活动；要通过自身的努力和纽带作用，推动政府部门和社会各界对社会体育指导工作予以支持与帮助，促进全民健身活动更好更快地发展。

三、增强健身群众的体质与健康

参加体育健身活动未必都能取得增强体质和提高健康水平的实际效果，如果不讲健身科学，往往会适得其反。人体是一个结构复杂的系统，有着发展变化的特殊规律，而且不同的人有着不同的特点。只有符合规律的科学健身，才能达到预期的目的。因此，广大健身群众在自己提高科学健身知识与素养的同时，也越来越需要掌握更多科学健身知识与能力的专业人员提供指导和帮助，从而使提供社会体育活动指导成为一项普遍的社会需求，为社会体育指导员的应运而生和迅速发展以及作用发挥创造了广阔的社会空间，社会体育指导员成为深受广大健身群众欢迎的健康使者和健身带头人，以其特有的工作方式在增强健身群众体质与健康的过程中发挥着重要作用。

社会体育指导员在通过各种指导服务来增强群众体质与健康的过程中，要积极宣传科学健身的理念和知识，帮助人们提高科学健身的意识，形成正确的体育观和健康观；要传授和指导群众学习掌握科学健身的技能和方法，提高人们根据自身特点恰当运用健身方法增强体质与健康的能力；要带领大家开展各种富有吸引力的体育健身活动，培养群众持续进行健身锻炼的意志和习惯，以产生良好而稳固的健康促进效果。

四、促进精神文明与和谐社会的建设

（一）社会体育对精神文明与和谐社会建设的积极贡献

广大群众普遍而自愿参加的社会体育活动以自己独特的内涵和功能，成为人类精神财富和社会文化的重要组成部分，并成为沟通人际关系和促进人与自然环境、人与人、人与社会之间和谐的重要活动方式，产生了大量的体育衍生功能。改革开放以来，随着我国社会的逐步转型和现代化建设步伐的日益加快，社会体育的蓬勃发展成为反映我国社会文明进步的重要标志，在社会主义精神文明建设中的作用越来越显著。

社会体育还通过个体作用的集合对整个社会发挥着重要的影响和促进作用。它既是一种促进人身心全面协调发展的生活方式，又是使人获得精神调节和幸福的重要方法，还是引导和传播健康向上的先进文化、培育良好道德风尚的社会活动，而且还能够带动广泛的社会协作并形成团结的氛围，从而为和谐社会建设作出积极的贡献。

（二）在促进精神文明与和谐社会建设中的作用和要求

社会体育指导员应当充分认识并自觉承担起促进精神文明与和谐社会建设的重要职责。为此，要能够对自己所从事的指导服务工作有更高的认识层次，开阔和拓宽自己的视野，提高思想境界和修养水平，增强社会责任感和社会成就感，以为社会奉献为己任；要满腔热忱地投入到社会体育指导的实践之中，用全心全意为广大健身群众指导服务的成效和业绩树立社会体育指导员的优秀形象，引领和培育志愿服务的社会风尚；要通过所指导服务的健身团队和群体，带动广大健身群众传播健康向上的体育健身文化，弘扬积极乐观的现代生活理念，组织更多的社会力量积极促进社会主义精神文明与和谐社会的建设。

第二节　传授健身技能中的主要职责

体育健身需要掌握和运用一定的技能，包括体育项目的动作技能和学习运用这些动作技能进行健身的方法。《社会体育指导员管理办法》在对社会体育指导员的界定中，明确将“向公众提供传授健身技能”作为其一项重要的工作任务和服务方式。社会体育指导员要在传授体育健身技能的过程中，履行自己应尽的职责。

一、传授体育项目动作技能

（一）掌握体育项目动作技能是从事健身活动的基础

广大健身群众之所以会形成体育健身指导的社会需求，一个非常重要的原因就在于这种体育项目动作技能的学习掌握，仅靠个体的自身努力是很困难而且效率非常低的。学习一定的体育项目动作技能，是健身群众接受社会体育指导最直接的基础动机。在对某一体育项目特点有了较多理解，并已熟练掌握该体育项目动作技能的社会体育指导员的传授和指导下，健身群众可以比较便捷高效地学会和运用这一体育项目的动作技能。因此，掌握体育项目的动作技能，不仅是健身者参加健身活动的基础，而且也是开展群体性体育健身指导活动的基础。

（二）社会体育指导员在传授体育项目动作技能中的职责要求

首先，社会体育指导员在传授健身技能时，要对所传授的体育项目动作技能有全面的认识和深刻的理解，准确而熟练地掌握该体育项目的动作技能，并为适应发展而不断地学习、补充和更新，做好总结提高和创新探索；其次，要向健身群众阐释该体育项目的知识要点和技术原理，分析学习过程和动作要领，讲解练习方法和注意事项，并通过动作示范、带领练习、指导纠正等，帮助健身群众尽快了解和正确掌握该体育项目的动作技能；再次，在传授过程中要对健身群众满腔热情、耐心诚恳、认真细致，并采用恰当有效的教学指导方式和方法，运用好自己的口头语言和肢体语言；最后，要加强健身群众在学习体育项目动作技能过程中的安全管理，做好必要的防范和保护，尽量避免伤害事故的发生，出现问题后要及时采取有效的救助措施。

二、传授恰当运用体育项目技能健身的职责要求

社会体育指导员在传授体育健身方法时，首先自己要具有科学健身的理念和意识，了解所传授体育项目的健身功效和作用原理，掌握运用该体育项目合理进行科学健身的方法；其次，要在传授体育项目动作技能的同时，有意识地将科学健身方法的传授作为重要的指导内容，深入讲解和具体分析该体育项目的健身作用，帮助健身群众理解和学会运用该体育项目进行科学健身的方法；再次，要做到因材施教，充分注意健身群众的健身需求和个体差异，有针对性地选择和运用体育技能进行科学健身的方法，让健身群众获得恰当运用体育项目技能进行科学健身的切身体验，并指导健身群众不断增强灵活和科学运用所学体育项目技能进行科学健身的能力，包括在恰当运用健身方法进行科学健身时的注意事项，学会处理在健身方面可能出现的各种问题。

三、传授合理安排健身锻炼的职责要求

社会体育指导员在传授合理安排健身锻炼方法的指导中，首先自己要能够深刻理解对体育健身过程进行科学合理安排的重要性，并在这方面具有一定的理论知识基础，

懂得并掌握科学合理安排体育健身计划的方法以及相关的测定和分析手段；其次，要在社会体育指导实践中，帮助健身群众制订周期性的体育健身计划，有条件的还要针对不同的健身群众提供可行的“健身方案”，传授运用相关仪器设备和根据生理、心理感觉对体育锻炼负荷与效果进行测评的方法，做好体育健身计划安排的效果评价和调整完善；最后，要指导和帮助健身群众学会根据自己的实际情况，主动进行体育健身过程的自我安排、自我评价和自我调整，全面提高健身群众进行科学健身的意识和能力。

第三节　组织健身活动中的主要职责

社会体育指导员所面对的健身群众是组织起来进行集体健身锻炼的社会群体。组织广大健身群众开展各种体育健身活动，使他们在这些活动中提高体质与健康水平和满足各方面的身心发展需要，是社会体育指导员工作的一项重要任务。《社会体育指导员管理办法》将“组织健身活动”规定为社会体育指导员的又一种工作服务方式。社会体育指导员要在组织体育健身活动的过程中，履行自己应尽的职责。

一、组织开展体育健身技能教学活动的职责要求

社会体育指导员组织开展体育健身技能教学活动，首先要充分调动健身群众学习提高和健身锻炼的积极性，了解健身群众的健身需求和身心特点，激发他们学习掌握体育健身技能方法的热情和兴趣，带领他们坚持学习和锻炼；其次，要具有将健身群众组织起来共同进行学习锻炼的能力和方法，并能根据不同体育健身项目技能传授的教学需要，做好人员队列位置的调动、活动程序与步骤的安排，将讲解、示范、练习、

指导、纠错等各种教学环节有机地结合起来，交替进行，善于根据需要改变和调整活动内容和方式；再次，要面向参加活动的全体人员，尽量注意到不同人员的需求和特点，照顾到新参加活动的健身者，将整体性和区别性结合起来；最后，要注意活动过程的安全管理，防止出现危险和伤害事故。

二、组织开展体育竞赛活动的职责要求

社会体育指导员在组织开展体育竞赛活动时，首先要明确群众性体育竞赛活动的意义和目的，掌握开展群众性竞赛活动的组织方法，在指导开展健身活动的过程中经常设计一些体育竞赛活动；其次，要制订好竞赛活动计划，做好竞赛的组织编排和各种准备工作；再次，要做好竞赛活动过程中各个环节的组织与控制，做好裁判工作，保证竞赛过程和结果的公正性与公平性，努力增加竞赛活动的趣味性，增强参加者的交流和友谊，形成团结友好的活动氛围；最后，要注意根据参与者的不同年龄和体质状况，选择适宜的竞赛活动内容与方式，特别是对老年人不宜组织身体负荷较大和动作技能较为复杂的竞赛活动，做好竞赛过程的安全防护工作，防止出现危险和伤害事故。

三、组织开展健身培训交流展示活动的职责要求

社会体育指导员在组织健身培训交流展示活动时，首先要开阔指导工作思路，探寻和设计一些易于健身群众参加的健身培训和交流展示活动；其次，要在开展各项活动之前，做好活动的计划安排，充分估计活动中可能出现的问题，注意做好群众参加该项活动的说明和动员，保证活动的开展和效果；最后，要做好活动过程的组织和引导，活跃活动气氛，提高活动效果，并做好活动经验的总结，以便今后更好地开展活动。

第四节　健身咨询宣传中的主要职责

全民健身活动的开展离不开富有声势的社会宣传，社会体育指导员是开展全民健身宣传的重要社会力量。在《社会体育指导员管理办法》中，同样将“宣传科学健身知识”作为对社会体育指导员工作内容和服务方式的一项规定。社会体育指导员要在开展体育健身咨询宣传的各项工作中履行好自己应尽的职责。

一、宣传科学健身的理念和知识中的职责要求

社会体育指导员作为从事全民健身工作的重要骨干力量，要将宣传科学健身作为自己工作的重要内容，努力成为一名全民健身的宣传者。社会体育指导员在宣传科学健身知识的过程中，首先自己要树立体育健身的科学信念，加强科学健身理念和知识的学习，提高科学健身的理论知识水平，具有针对各类健身群众传播科学健身文化的能力；其次，要采用群众喜闻乐见和易于接受的方式开展科学健身理念和知识的宣传，所宣传的知识要贴近健身群众需要、通俗易懂、生动活泼，要紧密结合健身群众的实际，有现实针对性；最后，要在比较和鉴别不科学的、错误的健身理念和习惯的过程中加强科学健身理念与知识的宣传，坚决反对和防止以健身为名的封建迷信或伪科学的意识观念影响和干扰全民健身活动的正常开展。

二、推广科学健身方法和经验中的职责要求

社会体育指导员在科学健身方法和经验的推广过程中，首先自己要有把握科学健身方法的能力，能够掌握和清楚地说明科学健身方法的规律、原理和特点，并通过适宜的方式帮助健身群众了解和应用；要善于总结提炼并将自己科学健身的切实体验和科学健身的典型经验进行介绍和推广，学会从实践和健身群众中学习收集各种有益的健身做法，勇于进行科学健身方法的探索和创新；最后，要注意从实际出发和强化针对性原则，帮助健身群众选择好适合自己的科学健身方法。

三、科学解答健身群众提出的有关问题中的职责要求

在参加健身活动的过程中，健身群众难免会遇到各种各样的问题，形成了对正常健身活动的干扰和影响。及时和科学地解答这些问题，可以避免健身群众的锻炼情绪和兴趣受挫，避免健身积极性受到打击，从而使健身群众坚持参加体育健身活动。同时，也可以帮助健身群众找出解决问题的方案，提高科学健身的效果，并避免可能因有关问题得不到正确解决所造成的不良后果。因此，对健身群众在健身过程中遇到的各种问题进行答疑解惑，开展好科学健身的咨询解答工作，也是社会体育指导员应当认真对待的一项重要工作职责。

社会体育指导员在解答健身群众有关体育健身的问题时，首先自己要深刻认识和高度重视科学健身的咨询工作，增强为健身群众答疑解惑的责任感，提高回答健身群众所征询的问题的主动性；其次，要以自己对科学健身知识和方法的正确理解与掌握为基础，与时俱进地加强学习，提高自己科学健身的素养和能力，保证解答内容的正确性和先进性；最后，要讲究回答和解释问题的方法与技巧，做到热情亲切、耐心平和、恰当准确，并注意解答的实际效果，切实发挥好咨询解答体育健身问题对推动全民健身活动开展的应有作用。

[思考题]

①——社会体育指导员应承担的基本工作职责包括哪几个方面？②为什么要求社会体育指导员要经常开展志愿服务活动？③——社会体育指导员在传授健身技能 中的主要职责是什么？④——社会体育指导员在组织 健身活动中的主要职责是什么？⑤——社会体育指导员在健身咨询宣传中的主要职责是什么？

第四章　我国社会体育的管理

本章导读——　社会体育作为我国体育事业的一个组成部分，与学校体育、高水平竞技体育既有联系，又有区别。社会体育活动作为一种社会现象，长久存在于人类社会，它是一定社会政治、经济、文化、教育的产物。随着社会生产力的不断发展和人们余暇时间的逐渐增多，人们参加社会体育的机会和条件正在逐渐得到改善。作为一个合格的社会体育指导员，必须掌握相应的社会体育管理知识。本章主要阐述我国社会体育管理的法律、法规依据，以及主要管理机构、管理内容及管理方法与手段等方面的内容。

第一节　社会体育管理工作的法律法规

推动国家的法制化建设已成为当今世界各国发展的重要任务之一，我国在《宪法》及依法治国基本方略的指引下，基本完成了有中国特色的社会主义法律体系的建设，社会管理的各个方面已初步形成有法可依的局面。社会体育工作作为一项重要的社会事务，在《宪法》和《中华人民共和国体育法》的指导下，也迈向了法制化管理的轨道，已形成一套相对完整的法律法规体系对其进行规范和管理。本节主要阐释当前我国社会体育管理工作的法律法规依据。

一、《中华人民共和国体育法》

1995年8月29日，第八届全国人民代表大会常务委员会第十五次会议通过了《中华人民共和国体育法》(以下简称《体育法》)。作为体育领域内的基本法，《体育法》引领着我国体育事业的发展方向和体育工作的法治化、规范化管理进程。

《体育法》第一章“总则”部分，明确了社会体育在体育事业发展全局中的基础性和根本性地位，即“国家发展体育事业，开展群众性的体育活动，提高全民族身体素质。体育工作坚持以开展全民健身活动为基础，实行普及与提高相结合，促进各类体育协调发展”。《体育法》的第二章把“社会体育”单列为一章，对社会体育的发展原则、全民健身计划、社会体育指导员、社会体育的组织和管理主体及其义务作了原则性的规定。社会体育活动应坚持业余、自愿、小型多样，遵循因地制宜和科学文明的原则，由社会体育指导员进行指导；国家推行全民健身计划，实施体育锻炼标准，进行体质监测；地方各级人民政府应当为公民参加社会体育活动创造必要的条件，支持和辅助群众性体育活动的开展，而基层单位和基层组织则具体承担组织者的角色。这一章最后还特别强调了特殊群体（老年人和残疾人）的体育活动开展。

《体育法》对社会体育在体育事业发展全局中的定位和对社会体育管理工作的纲领性规定，为社会体育活动的开展和管理工作奠定了基础，同时也为社会体育相关政策法规的出台提供了上位法依据。

二、《全民健身条例》

1995 年 6 月 20 日，国务院颁行了《全民健身计划纲要》，对 1995 年至 2010 年的全民健身工作进行了全面规划和整体部署。随着全民健身热潮的逐渐兴起和《全民健身计划纲要》历史任务的完成，2009 年 8 月，国务院又审时度势地制定出台了《全民健身条例》，它是我国第一部系统全面的、专门性的全民健身行政法规，为《全民健身计划纲要》实施结束后，全民健身事业转入法制化发展轨道做了充分的法律准备。

《全民健身条例》围绕公民健身权利和全民健身工作这两个重心，从全民健身事业的领导、全民健身计划的制订和实施、全民健身活动的开展、全民健身活动的保障工作和法律责任等方面对全民健身活动作了详尽规定。

在全民健身工作的组织方面，要坚持政府统一领导、部门各负其责、社会大力支持、全民积极参与的原则；在管理方面，政府要将全民健身事业纳入本级国民经济和社会发展规划，加大对公共体育设施建设的投入，开展全民体质监测和全民健身活动的调查；在安全方面，规定了体育行政主管部门加强对高危险性体育项目经营活动的监管责任，确保群众参与健身活动的安全。整个法规突出强调了公民有依法参加全民健身活动的权利和国家对公民健身权利的保障，同时确定了每年8月8日为“全民健身日”。

三、《公共文化体育设施条例》

社会体育活动只有在一定的场地（场馆）和设施支持下，才有可能朝着规模化、多样化、科学化的方向开展。为了繁荣文化体育事业，满足群众参与文化体育活动的基本需要，国务院于2003年6月通过了《公共文化体育设施条例》。该条例对公共体育设施建设和管理作了指导性规定：国家应当有计划地建设公共体育设施：鼓励机关、学校等单位内部的体育设施向公众开放；国务院和县级以上地方人民政府的体育行政主管部门负责公共体育设施的监督管理；新建、改建、扩建居民住宅区，应当规划和建设相应的体育设施；公共体育设施管理单位应当完善服务条件， 建立、健全服务规范；公共体育设施管理单位应当建立、健全安全管理制度，保障公共体育设施功能的有效发挥，确保公众安全等。

四、《社会体育指导员管理办法》

2011年10月，国家体育总局颁发了《社会体育指导员管理办法》（以下简称《办法》)。该《办法》分总则、组织管理、培训教育、申请审批、注册办理、工作保障、服务规范、奖励处罚、附则，共9章43条，同时附有社会体育指导员技术等级标准，自2011年11月9日起施行。1993年12月4日原国家体委颁发的《社会体育指导员技术等级制度》予以废止。该《办法》把社会体育指导员技术等级分为4个等级：三级、二级、一级、国家级，并分别对各级社会体育指导员的申请资格条件提出了具体的要求，同时还对社会体育指导员技术等级的申请、受理、审批程序及授予技术等级后所应从事的社会体育工作等诸多管理事项进行了规范。

以上这几部法律法规仅是社会体育领域法律体系的一个缩影。社会体育完整的法律体系是以这几部法律法规为中心，加上国家体育总局及国务院其他部门颁行的部门规章和地方性法规以及地方政府规章等联合建构起来的门类齐全、纵横交错的系统。

正是由于这样一个系统的存在和完善才足以推动我国社会体育的健康发展。

社会体育作为我国体育事业的重要组成部分，关系到学校体育、竞技体育的发展，关系到国民体质和健康水平的提高，关系到我国能否又好又快地实现由体育大国向体育强国的转变。所以，提高社会体育的管理水平，首先要做的工作就是继续完善社会体育的法律体系，在立法层面上保证社会体育工作的开展和形成社会体育事业发展有法可依的局面，进而再着力落实依法治体的管理工作。

第二节　我国社会体育的管理机构

在我国，对社会体育进行规划、指导、管理、监督的机构主要有体育行政机构、体育事业单位、体育社会团体和体育企业单位。受现有体制历史沿革的影响，体育行政机构在社会体育管理中仍发挥着主导作用，但值得注意的是，民间体育社团正在逐步发展，经营性体育场馆、体育健身俱乐部、体育娱乐企业在经济社会发展的推动下逐渐壮大，逐步渗透到社会体育领域并参与到社会体育的管理中。社会体育的管理主体正朝着多样化、复杂化的管理网络体系发展。

一、体育行政机构

（一）国家体育行政部门

国家体育总局是国务院的直属机构，是我国最高的体育行政部门，根据《宪法》《体育法》《全民健身条例》等法律的授权，主管全国的体育工作，统领国家体育事业的发展。除全民健身计划由国务院统一制定和修改外，社会体育事业的发展由国家体育总局进行总体规划和部署。国务院赋予国家体育行政部门关于社会体育的职责主要包括：研究制定社会体育工作的政策法规和发展规划，并监督实施；负责全国的全民健身工作，推行全民健身计划，举办全国性群众体育比赛活动，指导群众性体育活动；实施国家体育锻炼标准，定期进行全民健身活动状况调查，开展国民体质监测工作；加强社会体育指导人员队伍的建设，完善分级管理的制度体系；促进公共体育设施的建设，加强对公共体育设施的管理和保护，充分发挥公共体育设施的功能，使其更好地为社会体育事业的发展服务。

（二）地方各级体育行政主管部门

县级以上地方人民政府主管体育工作的部门（体育局、教体局、文体局等不同机构设置）在其行政区域内主管本地区的社会体育工作。根据相关法律法规的授权或规定，其主要职责包括：负责实施同级地方人民政府制定的本行政区域的全民健身实施计划，定期对全民健身计划实施情况进行评估；在全民健身日组织开展健身指导服务，积极宣传科学健身知识；根据社会体育指导员分级管理的规定，负责本行政区域内社会体育指导员的管理工作，加强社会体育指导员队伍建设；对本行政区域内的公共体育设施实施监督管理，保证社会体育活动能顺利开展；对高危险性体育项目经营活动，应当依法履行监督检查职责，以确保群众的安全。

（三）其他具有体育行政管理权的机构

参与社会体育活动是每个公民应有的权利，对于这份权利的保障和管理工作不能仅由体育行政主管部门来承担，拥有公共事务管理权的有关部门和组织也应积极地参与进来，使社会体育成为一项举国共办的事业。其他拥有体育行政管理权的机构如下：

1. 体育行政主管部门以外的行政机构

《全民健身条例》规定，国务院其他有关部门在各自职责范围内负责有关的全民健身工作，县级以上地方人民政府其他有关部门在各自职责范围内负责有关的全民健身工作。以教育部为例，它可以组织教育系统内部的全国性群众体育比赛活动，设置多个比赛项目进行比赛，并对成绩优异的个人或集体予以表彰，这对强化本系统工作人员的健身意识、调动他们的健身积极性，以及间接地推动全民健身运动的开展有深远的影响。

2. 市辖区及不设区的市人民政府的派出机关——街道办事处

由市辖区及不设区的市人民政府设立的派出机关——街道办事处，可以代表该级政府管理其辖区内的各项事务。街道办事处可充分利用辖区内的场地、设施、人才等各类资源，组建锻炼小组、健身指导站、体育俱乐部、体育协会等体育组织，并指导其开展建设和管理工作；组织内容丰富、形式多样的体育健身活动，举办辖区内群众体育竞赛活动等。

二、体育事业单位

事业单位是指国家为了社会公益目的，由国家机关举办或者其他组织利用国有资产举办的，从事教育、科技、文化、卫生等活动的社会服务组织。我国体育领域中的事业单位包括各个运动项目管理中心、各级各类学校、体育科研所、社会体育指导中心、公共性体育场馆等。体育事业单位在不同程度上也承担着社会体育的管理工作。

推动全民健身事业的发展，培育和管辖项目的健身、培训、咨询等体育市场，是各运动项目管理中心的主要职责之一。它们要积极宣传《全民健身条例》，普及运动项目的锻炼知识，注重本项目内的社会体育指导员群体与体育骨干人才的培养和管理，推动体育项目的普及和发展。

社会体育指导中心是在体育行政管理部门领导下专门领导、组织、实施全民健身计划的体育事业单位。其主要职能包括：全民健身活动的策划、组织与实施；社会体育指导员的管理、服务与队伍建设；社会体育运动项目的发展及活动的组织与实施等。

各类学校、科研中心、公共性体育场馆等单位在自己的职责范围内，为体育知识的普及推广、社会体育领域创新性科研成果的开发研制、公共服务的提供等履行着其应承担的公共义务。

三、社会团体

社会体育是群众自愿参与的活动，社会团体这种能够充分体现参与者共同意愿的管理组织更能发挥有效的作用。

在西方国家，体育社团这种民间组织形式早已发展成熟，并延伸至社会生活中的每一个角落，对于调动人们参加体育锻炼的积极性和提高体育健身的科学性与有效性发挥着重要作用。也正是这些体育社团的出现和壮大，加快了体育内化为人们生活方式的步伐，才使得这些国家的社会体育蓬勃地发展。同时，西方国家志愿者群体规模庞大，社团的管理工作主要由志愿者来承担，在节约社团运行成本的同时，有助于志愿者群体这一人力资源的开发和利用。

我国的体育社团发展起步较晚，但近些年来发展较快，民间社团数量逐渐增多，举办的活动丰富多彩，管理也逐步呈现规范化的趋势。它们自我发起，自我壮大，自我形成组织体系，自我制定社团章程，继而按照章程规定自我筹资、自我运作，实现自我发展。它们在落实全民健身计划、传播体育健身的知识和技能、组织群众健身活动、提供多元化的公共体育服务、培育体育骨干人才和体育管理人才等方面发挥着越来越重要的作用。

问题是，我国的体育社团由于受到业务主管部门和登记管理部门的双重管理、专业体育管理人才匮乏等因素的制约，社团的自治性、自律性管理的优势尚未充分显现。因此，我们要继续推进体育社团的实体化进程，使其能够充分发挥在政府和社会组织间的桥梁纽带作用。

四、群众体育组织

一直以来，我国的各级工会、共青团、妇女联合会、残疾人联合会等组织中都设有社会体育的机构或专兼职人员负责社会体育事务的管理。近年来，体育机构在这些团体中又削弱的趋势，因而也在一定程度上影响了我国妇女体育与职工体育的发展。

第三节　社会体育管理工作的内容

如同普通的管理工作一样，社会体育的管理工作也涉及对人、财、物、信息及其他相关资源的协调和处理。社会体育的管理工作就是运用计划、组织、领导、控制等职能对这些资源进行整合利用，以达到保障群众健身权利、提高群众的身体素质和推动社会体育事业健康发展的目的。

一、社会体育人员管理

社会体育的发展是通过全体社会成员的自愿参与来推动的。对这样一个庞大和社会关系网络复杂的参与群体进行管理，是一项复杂而艰巨的工作。具体内容如下：

（一）对社会体育参与者的管理

社会体育是一项全民参与的活动，在其开展的过程中存在参与人数众多、喜爱项目各异、参与时间难以统一等问题。参与健身的人群中有不同的年龄群体和不同的职业群体，这些人群由于受教育程度、经济地位、闲暇时间、体质体能、运动知识和技能的掌握等方面的影响，其参与健身的运动项目和强度也存在差异。如何将这些不同的群体组织起来，开展有序的健身活动，调动他们参与运动的热情和积极性，增强他们的健身意识，是摆在社会体育管理者面前的重要课题。

对参与者应本着以人为本原则、激励性原则、灵活性原则来进行管理。尊重、关心、平等地对待每个参与者，以目标激励和参与管理激励为主，对具有不同特征的群体适用不同的组织形式和健身方法，以满足他们不同的身体、情感、心理和社会需要。

（二）对社会体育指导员的管理

自《社会体育指导员技术等级制度》颁布以来，我国社会体育指导员队伍不断壮大，截至 2012 年 9 月底，发展人数已近 90 万。《全民健身计划（2011–2015 年）》规定，到 2015 年，国家“十二五计划”完成时，社会体育指导员数量将达到 100 万人。

社会体育指导员作为社会体育和全民健身的“排头兵”，其综合素质、指导能力和服务水平的提高，将直接关系到群众体质和健康水平的提高，以及社会体育发展目标的实现。

在《社会体育指导员管理办法》中分别规定了不同等级社会体育指导员应具备的工作经历和基本素质。而于2001年10月颁行的《社会体育指导员国家职业标准》则更详尽地说明了社会体育指导员国家职业标准的培训要求、申报条件、职业道德、基础知识等内容。

《社会体育指导员国家职业标准》实质上是一种资格准入制度。这种职业资格制度的设立和完善是我国劳动制度改革的重要内容，它对于培养、发展、规范体育劳动力市场，推进社会体育指导员队伍管理的制度化，提高社会体育指导员的质量和可持续服务能力，保障他们的基本权益，发挥他们的智慧才干，起着重要的推动作用。

二、社会体育财务管理

“财”是指资金或经费。发展社会体育事业和组织社会体育活动都需要一定的财力支持。如何获取经费并合理地使用，成为社会体育财务管理的主要内容。

（一）如何获取经费

经费是社会体育发展的物质基础和前提条件，而筹资渠道和经费数量直接关系到我国社会体育的发展规模、发展速度和发展质量。社会体育的服务主体是社会公众，实现的是社会整体利益，属于公共产品范畴，因此其经费应主要来自于政府。具体来说，当前我国社会体育发展的资金和经费主要来源于国家财政拨款、体育团体自筹、社会赞助或捐助和体育彩票公益金的分配。尤其是在1998年9月国家体育总局、财政部、中国人民银行联合发布的《体育彩票公益金管理暂行办法》中，明确规定“国家体育总局在安排公益金时，用于落实《全民健身计划纲要》的资金为年度公益金收入总额的60%”。这对于加快社会体育的发展有着重要意义。

目前，社会体育发展的经费来源面临着这样的局面：社会体育筹资多主体、多渠道的模式尚未有效启动，国家财政仍承担着社会体育发展的大部分开支，社会体育事业自身造血能力不足。但是，随着体育管理体制改革的深化、相关政策法规的出台和体育产业链条的延伸，社会体育的筹资方式开始灵活化，多个领域的社会闲散资金开始投入到体育领域，为社会体育事业的发展带来了无限的生机和活力，但我们也应该对随之而来的风险有清醒的认识。

（二）如何使用经费

相对于竞技体育而言，我国社会体育的经费、资金仍存在总量不足的现象，一定程度上制约着全民健身计划的落实和社会体育的发展。所以，在经费分配和使用时一定要遵循正确的原则。

在将全民健身事业纳入国民经济和社会发展规划时，要努力做好统筹城乡社会体育发展、统筹区域社会体育发展、统筹社会体育内部结构合理化发展的预算规划。在实施全民健身计划和社会体育发展战略时，体育主管部门要根据支出预算来合理分配经费，同时还要做到量力而行；体育社团则要严格按照社团章程的规定，合理、高效地使用社团经费；作为市场经济生产主体的体育企业，需要根据市场供求关系的变化、资金周转情况、市场占有率变化、政府的政策和行为等多方面因素综合考量投资的领域和渠道，以求经济效益和社会效益最大化。

（三）如何对社会体育的经费进行监督控制

通过对社会体育经费预算、分配、使用过程的监督，保证经费的流向和合理利用，有利于社会体育发展自标的实现。通过这一控制，确保社会体育经费无挪作他用、随意克扣、贪污腐败等现象，以使经费能按照规划的设计合理、灵活地落实到社会体育发展的方方面面，真正地造福于全民健身场地设施的建设、体育活动的组织举办和体育健身产业的发展。

三、社会体育物质管理

随着社会经济的发展和人民生活水平的提高，我国参与社会体育的人数不断增加。而体育场馆设施作为开展社会体育活动的物质依托，尚不能满足广大群众日益增长的体育健身要求。

（一）我国体育场馆设施的现状

从产权性质上看，我国体育场馆设施主要包括国有、集体、个体、外资及其他几类。全国第五次体育场地普查结果显示，目前我国依然存在国有化体育场地过多，公共体育场地匮乏，学校、企事业单位体育场馆开放程度和利用率低，特别是重大国际体育赛事举办后遗留下的大型体育场馆的利用率低下等一系列问题，在很大程度上制约着全民健身运动的开展。因此，提高现有体育场馆设施的有效利用率，合理规划未来体育场馆设施的建设，加快体育场馆设施投资主体向多元化发展的趋势，均衡城乡体育场馆设施的数量与比例，特别重视社区、居民小区、行政村内经济实用和小型便民的健身场地设施的建设和使用等，是改善社会体育场馆设施的管理现状时应考虑的重要问题。

（二）体育场馆设施管理的内容

体育场馆设施的多样化可以丰富群众健身的方法和途径，科学合理地使用各种体育场馆设施可以确保群众健身时的安全，因此做好体育场馆设施的建设和管理工作将为社会体育的发展提供良好的基础平台。体育场馆设施管理贯穿于设施的设置、使用、维护的各项工作中。

1. 设置管理

首先，体育场馆设施设置的规模和数量要与本区域内经济发展水平、人口数量、体育场馆数量相适应；其次，场馆设施的类型配置要考虑本区域内群众爱好的体育项目、普及率高的运动项目以及本地区传统运动项目等多重因素；最后，为了减少占地面积和节省配置服务设施，体育场馆设施的设置应相对集中。此外，在加快场地设施建设的同时，还应不断提高现有体育场馆设施的利用率。

2. 使用管理

相关管理部门应建立、健全设施使用的管理制度和服务规范，并在醒目的位置标明设施的使用方法和注意事项。如果条件允许，还可以在特定位置放置体育设施的使用手册或者安排特定人员进行设施使用的指导服务，以保证设施正确、安全地使用。

3. 维护管理

为了消除体育设施的各类安全隐患，延长体育设施的使用寿命，提高服务质量，应实行责任制。对设施的保养，在平时应坚持预防为主，并定期对体育设施进行保养和维护。这类工作往往易被管理单位忽视，他们通常在设施出现问题后才对其进行维修，不但维修费用高、工作繁杂，而且影响了群众日常健身的开展。

四、社会体育信息管理

现代管理工作离不开信息，几乎所有的管理工作都是通过信息的输入和输出来对人、财、物、技术等资源进行控制和协调。社会体育管理工作也是通过对政策法规信息、健身指导信息、社会体育新闻、产品设备开发信息、组织管理信息等诸多信息的掌握、应用和宣传来实现对社会体育事业的计划、组织、领导和控制。

在信息获取、输入方面，社会体育的管理单位要尽可能全面地掌握信息；要充分利用上传下达、社会调查、体质监测、电视、报纸、网络、群众反映等不同渠道获取信息；要保证各个渠道的畅通以及所获信息的全面性和真实性。

由于社会体育信息来源广、数量大、种类多，如果不加以整理和分类，则会给信息管理和使用工作带来不便。所以，在现代化的管理制度下，体育管理组织应该建立信息库，采用计算机程序对信息进行整理、加工、储存、检索等工作，这将给决策、组织、领导等多个管理环节带来方便。

随着社会体育事业的发展和全民健身计划的实施，群众的体质状况和身体素质等方面均会有不同程度的变化，社会体育的管理部门要通过对公民体质监测结果和全民健身活动状况调查结果等信息的反馈，及时修订全民健身实施计划，把全民健身事业推向更高的发展水平。

在信息输出方面，社会体育管理部门要及时、完整地公开社会体育的相关信息，加强宣传管理工作；积极开展政策法规的学习工作，传达政策法规精神；宣传与普及体育健身的科学知识和技能，传授科学的体育健身方法；公开体育场馆（地）的开放时间，明确收费标准；表彰先进典型，对全民健身活动的先进个人或集体予以表彰奖励。通过信息的输出和引导，可以保证社会体育正确的发展方向。

第四节　我国社会体育管理的方法

鉴于社会体育存在参与对象的全民性、参与主体的异质性、参与动机的多样性、活动时间的业余性等特点，对其管理要相应地采取灵活的方法和手段，以吸引更多的人参与体育健身活动，保障我国的体育人口数量，提高人们参与健身的热情。

一、社会体育管理的法律方法

从全国人大常委会通过的《中华人民共和国体育法》，到国务院颁行的《全民健身条例》《公共文化体育设施条例》等行政法规，再到由国家体育总局（原国家体委）颁行的《社会体育指导员国家职业标准》《社会体育指导员管理办法》等部门规章，连同一系列地方性法规和政府规章，我国对于社会体育的管理已经形成了一套门类齐全、纵横交错、内在一致的法律法规体系。

社会体育法律法规的性质和内容决定了它本身对社会体育行为和活动具有组织、管理、调节、教育、评价等作用，是国家管理社会体育活动的基本手段。它确认了社会体育中个人和各类组织的法律地位，并明确他们在社会体育事业发展中的权利、义务和责任；规定了各种管理原则、管理关系、管理方法，将庞大的参与群体在社会体育活动中的各种社会关系法律化、固定化、制度化，把他们的行为纳入法制轨道，并对他们的行为进行适当的评价；提高了社会体育管理者的法治意识，促使他们不断学习法律知识，提高法律修养和依法治体的管理水平。

虽然社会体育是公民自愿参与的社会活动，但是社会体育法律法规这类具有强制性的社会规范的存在，对于维护社会体育管理的秩序、协调各种管理要素的复杂关系、提高社会体育管理效率、保证社会体育的科学化发展等方面仍具有极为重要的意义。

二、社会体育管理的行政方法

社会体育管理的行政方法是指对社会体育有管理权的行政组织，依靠其权威，运用行政手段，通过自上而下的行政层级结构进行管理的方法。它是社会体育管理中常用的方法之一，通常表现为命令、决议、指示、规定、通知等形式。行政方法具有权威性、强制性、针对性、纵向性等特点，可以为集中力量、统一行动以及快速有效地处理各类特殊问题和突发事件提供方便。

在社会体育管理中，行政方法最突出的运用集中在全民健身计划的制定和实施上。《全民健身条例》规定，国务院制定、修订全民健身计划，县级以上地方人民政府根据本地区的实际情况制定、修订本行政区域的全民健身实施计划。以《国务院关于印发全民健身计划（2011—2015 年）的通知》（国发〔2011〕5 号）为例，各省政府需以此为依据，结合本省实际情况制定《× × 省全民健身计划（2011—2015 年）》，省下辖的市（地）、县（市、区）政府（行署）要按照《全民健身计划 (2011—2015 年）》及省政府制定的实施计划，结合当地实际，制定本区域的全民健身实施计划，并由体育行政部门会同有关部门共同组织实施。

但是，基于社会体育管理对象的广泛性和差异性以及行政方法本身的特点，其作用在诸多领域是极为有限的，因而必须善于把行政方法与法律方法、经济方法等管理方法结合起来运用，才能使之在社会体育管理中发挥更强有力的作用。

三、社会体育管理的经济方法

伴随着市场经济的发展和居民生活水平的提高，人们的健身动机和健身需求呈现出多样化的发展态势，群众健身市场有了长足的发展，参与其中的经济利益主体也大为增加。之前在计划经济条件下应用的计划管理方法早已无法满足社会体育市场发展的需要，正在逐步退出历史舞台，而适应市场经济发展的经济管理方法开始扮演重要的角色。

社会体育管理中的经济方法是指按照市场经济客观规律的要求，运用价格、税收、行政拨款、奖金、信贷、融资、罚款等经济手段，调节和处理社会体育领域中不同经济利益主体的关系，以取得良好的经济效益和社会效益，促进社会体育发展目标的实现。

在社会体育管理的经济方法中，土地杠杆这一工具的利用走在了前列。在 2003 年国务院出台的《公共文化体育设施条例》中就有关于公共体育设施用地定额指标、公共体育设施的建设预留地、公共体育设施拆除后要择地重建的规定。在公共体育设施土地征用方面，采用行政土地划拨的方式，给予社会体育的发展以极大的便利。但与此相比，税收、投融资政策、信贷杠杆等方法的使用则明显不足，而这些方法是引导体育消费和培育、发展社会体育市场的重要手段，社会体育的政策法规和工作重心应向这几个方面倾斜。

四、社会体育管理的社团方法

体育社团在政府和社会间架设起沟通、管理的桥梁，在社会体育的发展中发挥越来越重要的作用，尤其是在宣传和组织群众参加体育运动，以及缓解社会体育经费来源不足的问题上。

按照 1998 年颁布的《社会团体登记管理条例》规定，社会体育领域的体育社团可以定义为：公民自愿组成的，为了满足他们健身、健美、娱乐、医疗等不同需要，按照社团章程开展体育活动的社会团体。它具有民间性、非营利性和互益性等特征。

体育社团的一切活动均围绕社团章程展开。它们不像政府机构和事业单位那样依靠财政拨款来运行，而是必须且只能通过满足社会需要来寻求社会资源的供给；体育社团必须严格按照章程中规定的业务范围，通过内部的机构设置，根据决策、组织、控制等程序来进行管理工作和发挥职能。

目前，由于受《社会团体登记管理条例》颁行后形成的"双重管理体制"的限制，体育社团的管理还缺乏独立性，不能完全按照其会员的共同意愿实现完整意义上的自我管理。我国体育社团起步较晚，其自身管理也存在诸多缺陷，如缺乏严格完善的财务制度、缺少专业体育管理人才等。因此，要真正充分发挥体育社团在社会体育发展中的服务、管理、自律、调节等方面的职能，必须先为其发展提供良好的生存和发展环境。具体可从以下几方面着手：加强法制建设，推进体育社团实体化进程；制定出台有利于体育社会团体发展和符合社会发展需要的各项优惠政策；加强体育社团专业管理人才的培养。

[思考题]

①——我国社会体育主要由哪些机构进行管理？②——社会体育管理包括哪些基本要素？③——如何对社会体育参与者进行管理？④——我国社会体育发展的资金来源有哪些渠道？⑤——社会体育管理的行政发放有哪些特点？

第五章　健身俱乐部、健身站及社区体育管理

本章导读——　社区体育是我国社会体育的主流组织模式，也是基层体育组织的基本形式，是推动全民健身的主要抓手。社区体育健身俱乐部、社区健身（文化站）中心是社区体育的主要组织形式，社会体育指导员必须掌握这两种组织的基本管理知识。本章主要介绍体育健身俱乐部、社区健身中心（文化站）及社区（乡镇）体育等健身组织的特征、管理方式、组织模式，以及国内外体育健身俱乐部发展趋势；阐述城市社区健身中心及农村乡镇文化站的管理职能；分析社区（乡镇）体育管理体系。

第一节　体育健身俱乐部管理

随着我国经济的高速发展和人们生活水平的不断提高，群众对健康需求的广度和深度不断增加。发展体育健身俱乐部既是群众体育需求不断增长的要求，也是推进体育社会化的需要。因此，加快体育俱乐部发展，加强体育俱乐部管理，积极扶持体育健身俱乐部发展，发挥健身俱乐部在全民健身运动中的作用，是我国体育事业发展的一条重要途径。

一、体育健身俱乐部的特点

（一）组织目标的同一性

体育俱乐部的组织目标同一性主要是指体育健身俱乐部与参与俱乐部体育活动的群体的目标同一。具体来说，体育健身俱乐部是以满足具有共同体育爱好者群体的科学健身需求为目的的组织，这与参与俱乐部体育活动的群体所追求的目标是同一的，他们正是依托体育健身俱乐部的场地设施、技能指导人员等来满足其科学健身需求。

（二）组织结构的封闭性

体育健身俱乐部组织结构的封闭性是其较为鲜明的特点。一般情况下，体育健身俱乐部围绕工作的开展，设有专人专岗，并规定了不同岗位人员的管理幅度和管理层次。在满足不同人群不同层次的科学健身需求的过程中，体育健身俱乐部对自身的人力、物力和智力等按一定的形式和结构，有秩序、有成效地组合起来开展活动，具有一定的封闭性。

（三）组织管理的自主性

体育健身俱乐部的组织管理具有很强的自主性。具体来说，体育健身俱乐部在活动开展管理、会员管理、财务管理、会议管理、设施使用管理、日常事务管理等方面都有明确的自主管理机构与制度，保证了体育健身俱乐部的健康有序发展。

（四）组织标准的规范性

组织标准的规范性是体育健身俱乐部的又一个主要特点。明确的规范标准主要体现在体育健身俱乐部的组建和各项实际工作的开展上。一般说来，体育健身俱乐部在组建时具有严格的组建规范和标准，对活动设施、活动开展、经费、人力资源等各方面都有明确的规定和要求。同时，在具体的工作开展上，也有诸如活动内容、活动方式、专业人员指导等严格规范和要求标准。

（五）组织服务的针对性

体育健身俱乐部是伴随着社会的进步和人们体育健身需求不断增加而产生的基层体育健身组织。如此的产生背景，决定了它所提供的服务具有针对性较强的特点。具体而言，体育健身俱乐部为加入俱乐部的不同人群提供相应的体育设施和场地、专业辅导等具有针对性的体育服务，以满足俱乐部会员的健身需求。

二、体育健身俱乐部管理的基本模式

根据我国的国情，目前体育健身俱乐部的发展态势主要有社区型体育俱乐部和单位型俱乐部两种。社区型体育俱乐部是在当地政府部门、体育部门、街道居委会三重管理下，以居委会为基本单位，三家共同投资，以优良的体育设施为基础，建立从儿童到老人、残疾人等体育爱好者都能参加的健身组织，提供相应的健身服务指导，并对参与者收取少量的会费，以维持正常的开支。同时，履行协调不同社区间的活动交流、健身咨询、技能培训等职能。单位型体育俱乐部主要是指学校、机关、部队、企事业单位等，利用其自身的有利条件，发挥其现有体育场馆和场地设施的作用，开展本单位的健身活动。

体育健身俱乐部管理的基本模式主要体现在对上述这两种态势的管理上。下面就管理的具体细节介绍如下：

（一）规范上层管理，完善体育健身俱乐部运行机制

规范上层管理，完善体育健身俱乐部运行机制，就是要求俱乐部成立理事会或领导小组，对俱乐部的机构设置、工作开展、经费使用等方面作出明确规定，并制定相关的政策措施，合理划分管理机构和各部门的职权，对体育健身俱乐部进行依法管理、监督和指导，努力做到思想到位、工作到位、人员到位，使各项工作落到实处，为体育健身俱乐部的健康运行提供可靠保障。具体来说，规范上层管理，完善体育健身俱乐部运行机制应着力做好以下工作：

（1）成立理事会或领导小组。由理事会或领导小组统筹规划体育健身俱乐部的发展。

（2）成立会员代表大会。由大会推选思想觉悟高、参加体育活动热情、组织能力强的会员组成常务机构，管理体育健身俱乐部的各项工作。

（3）定期召开理事会和会员代表大会。例如，规定每年召开一次会员代表大会和两次或多次理事会，研究部署俱乐部工作。

（4）实行责任分工负责制。例如，明确秘书长的职责是组织实施理事会和会员代表大会规定的俱乐部各项工作。

（5）组建相关工作部门。为适应体育健身俱乐部的发展，应根据实际工作的开展组建场地、财务、办公室、培训、宣传等工作部门，以确保各项工作顺利地开展。

（二）细化常规管理，保障体育健身俱乐部工作有序开展

（1）及时制定和完善相关制度与政策措施。根据体育健身俱乐部的发展情况，制定《俱乐部章程》《会员制度》《安全管理办法》，以及各部门工作职责、指导员

工作职责、场馆管理办法、内部各项规章制度、安全应急预案等一系列管理条例，做到责权明确，细化管理，以保障体育健身俱乐部工作有序开展。

（2）强化安全责任意识，加强对会员的安全常识教育，制订安全防范预案，定期检查和维护体育活动器材，不断完善体育活动场地和训练设施，确保活动安全。

（3）建立活动审批备案制度。在举办培训班及组织各类活动前必须办理活动报告审批手续，提出书面申请（书面申请包括项目、内容及时间等），经审批同意后方可进行。

（4）抓好宣传，扩大俱乐部影响。积极联系电视、广播、报纸等媒体，通过开设专栏、跟踪报道、组织专访等形式，大力宣传体育健身俱乐部的公益性和科学健身的重要性，以吸引更多的群众加入体育健身俱乐部。

（5）举办符合大众特点的、有本地特色的活动，开展符合大众特点的体育项目培训，如开展篮球、足球、游泳、乒乓球、羽毛球、健美操等项目的培训班，吸引更多群众加入体育健身俱乐部参加体育锻炼。

（三）抓好队伍建设，确保体育健身俱乐部健康发展

当前，大部分体育健身俱乐部的主要负责人员都是体育专业出身，管理方面的知识比较缺乏。因此，要定期组织培训班或参加交流活动，提高管理人员的综合素质，进而提高体育健身俱乐部的管理水平。另外，体育健身俱乐部的指导员是科学训练的探索者和实践者，指导员的素质会直接影响群众参加体育健身的积极性。因此，要把提高指导员的素质作为一项重要工作来抓，定期组织培训，不断提升指导员专业水平，确保体育健身俱乐部拥有一批工作稳定、甘于奉献、业务精良的指导员为俱乐部工作。

（四）整合各种资源，扎实推动体育健身俱乐部发展

（1）可与社会企业合作，共同推动体育健身俱乐部的发展。体育健身俱乐部可与社会企业达成一定的合作协议，社会企业为体育健身俱乐部提供相应的资金赞助，体育健身俱乐部则为社会企业提供相关体育活动的冠名权或在每次活动时划出专门的场地给社会企业做产品推广等，真正实现体育健身俱乐部为社会企业搭建品牌宣传平台、社会企业为体育健身俱乐部发展提供资金保障的双赢局面。

（2）不同的体育健身俱乐部可以根据其自身优势，主动进行相互交流与合作，

整合体育健身俱乐部的资源，共同打造体育健身俱乐部品牌。

三、国内外体育健身俱乐部的发展趋势

随着社会的发展，社会现代化水平的提高，人们生活方式的改变，体育的社会价值和地位已逐渐被人们所认识，越来越多的人亲身体验了体育健身的乐趣，更多的人越发需要有一定的健身活动场所进行锻炼，而体育健身俱乐部就是在这种时代背景下出现的事物。各个国家，无论是政府，还是企业、商界、各类人群都正视这一现象，并给予了关心、扶植和支持。从目前国内外体育健身俱乐部的发展现状来看，其发展趋势如下：

（一）生活化程度越来越高

随着经济的飞速发展和人生活水平的不断提高，人们的健身意识越来越强，人们花在健身上的费用和时间也越来越多，健身已经不仅仅是追求时尚，更重要的是获得健康。它正走向大众群体，已逐渐成为人们生活中的一部分。

（二）专业化水平越来越高

这主要体现在两个方面：一是健身俱乐部自身业务能力和专业水平越来越高；二是健身俱乐部的管理水平也越来越高，更标准、更规范化的管理模式正在被越来越多的俱乐部采用。

（三）社会化趋势更加明显

无论是在城市还是在农村，社区居民越来越喜欢开展自主性的文化体育活动，群众性自治体育组织成为社区最基本的活动模式。政府采用委托管理的方式，购买社会体育服务组织提供的服务。在政府鼓励社会办体育的政策引导下，社会化的健身俱乐部大量涌现，特别是社区体育健身俱乐部大都承接社区行政组织的委托，承担社区体育管理和服务职能。

（四）健身的科学性越来越强

随着科技水平的不断进步，体育健身俱乐部越来越重视健身活动的科学指导，健身俱乐部与科研部门的联系也将越来越紧密，一些社区体育健身俱乐部还聘请专业人

士开设科学健身讲座、进行科学健身咨询和指导，使体育健身俱乐部在社区居民的心目中越来越有威信，体育健身俱乐部的科学指导作用也越来越强。

（五）信息化趋势越来越明显

随着信息技术的发展，信息化已逐渐渗透到社会各个领域。对于体育健身俱乐部而言，利用先进的管理理念，借助计算机、互联网等信息工具和手段，提供健身信息服务，走信息化管理之路的趋势越来越明显。

第二节　社区健身中心（文化站）管理

社区健身中心（文化站）是基层体育组织的一种组织形式，具有管理体育设施、管理服务体育站点及社会体育指导员、组织交流活动等职能，是发展群众体育事业的中坚力量。随着我国全民健身事业的不断发展，社区健身（文化站）中心的作用将不断体现。对社区健身（文化站）中心基本特征、管理职责及管理方式的研究，有助于进一步提高认识，最大限度地发挥其作用。

一、城市社区健身中心及农村乡镇文化站的基本特征

（一）管理的双重性

管理的双重性主要是指城市社区健身中心及农村乡镇文化站在管理上依托政府行政管理系统，同时又以城市社区健身中心及农村乡镇文化站基层体育组织为执行各项工作的主要突破口，进行双重管理。一方面，城市社区健身中心及农村乡镇文化站接受政府部门的宏观管理；另一方面，城市社区健身中心及农村乡镇文化站立足基层工作实际，积极探索适应基层工作的管理方式。

（二）鲜明的基层性

基层组织担负着上传下达的重要职责，政策方针和工作部署都要靠基层组织来宣传、贯彻，才能落到实处，收到实效。城市社区健身中心及农村乡镇文化站作为国家公共文化服务体系的组成部分，具有鲜明的基层性。

（三）服务的多样性

服务的多样性是城市社区健身中心及农村乡镇文化站的一个突出特点。具体而言，城市社区健身中心及农村乡镇文化站服务的多样性主要表现在其功能上。当前城市社区健身中心及农村乡镇文化站的主要功能包括宣传相关政策、管理健身站点、协调社会事务、组织交流活动、进行培训指导等，功能的多样性决定了其服务的多样性。

二、城市社区健身中心及农村乡镇文化站的管理职责

（一）宣传引导职责

城市社区健身中心及农村乡镇文化站的宣传引导职责主要包括两方面：一方面是宏观宣传，主要是宣传党的政策和法规，贯彻执行国家的法律法规；另一方面是微观宣传，主要是围绕相关工作开展，进行针对性的宣传，如进行科学健身宣传等。

（二）指导服务职责

城市社区健身中心及农村乡镇文化站的指导服务职责，依据其服务对象的不同，主要体现在以下两方面：

1. 对健身站点、相关协会等的指导服务

城市社区健身中心及农村乡镇文化站对本区域内的健身站点和相关协会有直接的领导权。它们对健身站点和相关协会日常管理工作的开展承担指导服务的职责，并对健身站点和相关协会的相关建设进行指导服务，如健身站点的制度建设等。同时，还对健身站点和相关协会所开展的活动给予一定的资金支持。

2. 对社会体育指导员的指导服务

社会体育指导员队伍是全民健身的基础，也是城市社区健身中心及农村乡镇文化站开展工作的基础。城市社区健身中心及农村乡镇文化站对社会体育指导员的指导服

务主要包括：维护社会体育指导员的正当权益；对社会体育指导员进行培训和再教育工作；为社会体育指导员开展工作提供便利条件；规范社会体育指导员的指导工作等。

（三）考核监督职责

考核监督职责主要是指城市社区健身中心及农村乡镇文化站对管理对象的考核监督。它们依据上级的考核管理要求，积极对辖区内的相关健身站点、协会组织及社会体育指导员队伍进行考核监督，促使其沿着正确的方向健康有序地运行。

（四）沟通协调职责

沟通协调职责主要是指城市社区健身中心及农村乡镇文化站在社会事务、不同社区之间的活动交流、本社区内健身站点及相关组织之间的活动、相关场地设施的使用等方面发挥中间协调作用，使辖区内体育活动丰富多彩，形成百花齐放、百家争鸣的健身氛围。

三、城市社区健身中心及农村乡镇文化站的管理方式

当前，结合我国国情，城市社区健身中心及农村乡镇文化站的管理方式主要采取依托体育行政管理系统，重心下移，充分发挥健身站点等基层体育组织作用的“双系统”管理方式。

具体而言，一方面依托体育行政管理系统开展相关工作。城市社区健身中心及农村乡镇文化站的政策制度制定、日常管理、监督考核、经费申请等工作，都需要依托体育行政管理系统进行。我国国情决定了在当前城市社区健身中心及农村乡镇文化站的管理方式中，需要发挥政府的主导力量。另一方面，要重心下移，充分发挥健身站点等基层体育组织的作用。要积极摸索实践，建立“健身站点—体育健身指导片（或村分会）—健身指导点”三级指导组织网络结构。即指导站点负责实施城市社区健身中心及农村乡镇文化站全民健身工作的规划与管理，同时根据健身站点区域的人口情况，将其划分成几个片区，安排骨干社会体育指导员担任片长，负责片区内体育活动的组织和指导工作，并在各健身指导点配置社会体育指导员，负责健身指导点的体育指导和管理工作。以三级指导网络为基础，全面协调城市社区健身中心及农村乡镇文

化站辖区内基层体育组织的管理工作，以及健身活动和健身指导工作的开展，力争获得政府、百姓“双满意”的效果。

第三节 社区体育管理

随着社区体育的发展，社区体育管理出现了文体一体化、信息化、生态化、多元化等变化。城市社区体育就其组织方式而言已形成了官办民助、民办官助、单位管理和社区民间社团自治管理四种组织模式；农村乡镇形成了县级体育组织、乡镇体育组织和村体育组织三级管理体系。城市社区体育管理方式分为决策系统、组织指挥系统和操作实施系统三个层面。农村乡镇体育组织方式以县、镇（乡）、村三级管理网络形成各级部门纵向垂直管理、横向水平沟通的管理模式。

一、城市社区体育及农村乡镇体育的基本特征

（一）城市社区体育基本特征

社区体育是社区建设的重要组成部分，主要指在社区范围内以自然环境和体育设施为物质基础，以全体社区成员为主要对象，为满足社区成员体育需求和增进社区成员身心健康而开展的区域性群众体育活动。很显然，社区体育与社会体育有明显的区别。社区体育也不同于学校体育和职工体育，有其自身的特点。当前我国城市社区体

育概括起来有如下特点：

1. 活动范围的区域性以及组织的民间性

社区体育无论是人员构成、场地设施，还是指导管理、经费筹措等都是以社区为范围。由于社区体育的区域性特点，使其自治性和自主性比较突出。它不是以参加对象的单位隶属或职业来界定参与者的身份，而是以“社区”的地域性概念进行划分的。同处一个社区，无论是工人、干部、学生、退休人员，还是老人、青年、少年儿童，都是社区体育的对象。居民在自己的居住区自主地开展有益于身心健康的体育活动，并在活动中培养共同意识，交流感情，形成良好的人际关系，从而使社区更加和谐。

社区体育组织是独立的社会团体，具有较强的民间性特点。它有独立的组织机构和活动章程，是自发形成的，主要靠群众的情趣、情感、共同需要来维持，没有确定的权利和义务。其自筹经费、自我组织、自愿参加的组织形式反映出较强的民间性。其组织管理方式为自主型与行政型相结合。晨、晚练活动点的管理方式主要有锻炼者自发管理、体育行政部门管理、街道居委会管理、各级工会管理、各类体协管理、企事业单位管理和其他部门管理。

2. 活动设施公益性和指导的平等性

社区体育组织的活动是利用社区资源进行的，居住区的广场、绿化带、公园及其他公共设施都是社区体育活动可以利用的资源，社区体育活动设施的公共性，反映了社区体育的公益性特征，活动场所非正规化、属地化。另外，社区体育绝不仅仅是社会成员个人的事情，而是一项利国利民的公益事业。

社区体育的主体和主导都是居民，社区体育指导员只是服务员、辅导员，与被指导者处于平等地位，这种平等关系决定了社区体育指导员的人际关系和指导方法。组织者与参与者之间的关系是平等的，二者的角色经常转换，即谁传授的健身技能好就由谁指导，并成为组织内具有极大吸引力的指导者。即使是社区体育指导员，自身既是锻炼者、活动者，又兼任指导员、辅导员。

3. 活动内容文体一体化

社区体育的内容极其丰富，除了传统的民族民间体育项自和健身、养生方法外，现代化的健身健美方式也层出不穷。在各个社区中，体育的组织形式比较灵活，既有行政部门组织的，又有社会团体和企事业单位组织的，还有群众自发开展的，人们可以根据不同的需求选择不同的健身娱乐方式和组织方式。

社区体育具有多方面的功能，主要包括健身、消遣、娱乐、休闲、保健、医疗、康复、社交等，但社区体育最突出的特点仍然是健身和娱乐，参与社区体育的人们为了健康或者为了心情舒畅、精神愉悦而乐在其中。社区体育内容既丰富多彩，又轻松活泼，具有浓厚的趣味性，可以感染和吸引社区居民踊跃参加各类体育活动。社区体育对职业、文化程度、兴趣爱好、体育基础的要求都不高，可以满足不同年龄层次居民的需要。

但是，由于受体育场地设施条件的限制，社区体育的活动内容主要以气功、健身操、交谊舞、武术等为主，非竞技性、韵律性、传统性、文体一体化等特点十分明显。

4. 服务方式信息化和生态化

信息化服务不仅可以帮助居民树立正确的健康观，还可以宣传健身知识、活动信息、政策法规、先进案例等。建立信息化服务体系可以从以下两个方面开展：一是拥有全面的社区体育服务网络，不仅便于居民学习和查询相关知识，形成信息资源共享，还可以通过网络吸收其他社区的先进经验来开展本社区的体育活动；二是建立完善的反馈信息处理体系，以便准确而有针对性地进行社区体育建设。

生态城市和生态社区的规划与建设强调以生态为背景，遵循自然生态规律和城市发展规律，以可持续发展为目标。从生态城市和社区建设的理论与实践来看，社区体育也是其重要的建设内容。具体可从以下三个方面分析：一是物质层面建设要适应不同人群，建立具有社区自然特色的体育设施体系，使健身环境得到进一步完善；二是组织管理层面应根据当地的地域特点、风俗文化、传统习惯和不同人群的需要，融入自然，开展一些生态体育活动，如郊游、踏青、登山、野外活动、远足、骑自行车、探险等，使居民的休闲方式从内敛式、封闭式向发散式、开放式转化，从而达到人与自然的和谐；三是在体育价值层面要普及全民健身的公众生态意识，倡导生态价值与健康发展理念相结合。

5. 服务趋势多元化

社区体育共有六大要素，即社区体育组织、社区成员、场地设施和经费、管理者和组织者、社区体育活动。所谓多元化，是指要从多个方面为社区体育服务。具体内容如下：

（1）制度化：社区体育服务是一个整体性的服务工作，主要包括设施、指导、组织和信息等方面的服务。因此，社区体育服务制度化发展涉及多方面的内容和关系，迫切需要加强制度化建设，使社区体育服务的社会规范系统化、条理化和正规化，使社区体育的规范内在化，并被社区居民所接受和认同。

（2）规范化：社区体育服务的政策、制度和措施要规范化，即政府和组织指定的社区体育工作方案及实施办法要科学化、法制化，并具有稳定性和连续性。社区公共体育设施要规范化，即社区公建体育设施的选址条件、占地面积、功能和设备要求等均应规范化使用，不得挪作他用。社区体育指导员的配备和培训要规范化，即根据实际工作和指导对象的数量，确定社会体育指导员数量、配备比例以及上岗前的培训要求。

（3）指标化：社区体育服务指标是测量社区体育服务发展水平的重要方法。通过社区体育服务指标体系有利于对社区体育服务状况与发展进行评估和发现社区居民的体育要求。社区体育服务指标主要包括社区体育组织、设施和活动指标。

（4）现代化：社区组织管理要体现现代化，具体表现为组织管理机构对场地设施的使用以及对内部的人、财、物的科学化管理，考核和监督要符合规范化要求。信息现代化主要是社区居民可利用社区体育服务的网络平台进行信息共享和相互交流。指导方法现代化主要是要有现代化健康观，掌握多种锻炼方法和理论，为不同的对象制定不同的运动处方。

（二）农村乡镇体育的基本特征

我国幅员辽阔，各地的农村乡镇体育发展极不平衡，现阶段我国农村体育呈现出经费短缺、场地设施严重匮乏、体育组织尚不健全、农村体育骨干数量不足、农民体育意识不成熟和领导重视不够等诸多问题。但也具有一些共性，内容丰富，形式多样。除了传统的民族民间体育项目和健身、养生方法外，现代化的健身健美方式也层出不穷。既有行政部门组织的，又有社会团体和企事业单位组织的，还有群众自发开展的。其基本特征如下：

1. 参与对象的分散性和体育基础的相对薄弱

农村体育的对象主要是农民，其中包括众多的少数民族，分布在全国各地，具有广泛性。农民居住主要以村落为单位，各村落和每家每户间相对比较分散，体育活动的组织也比较松散。

农村经济基础比较薄弱，发展不平衡，不少地区既缺乏体育活动的场所和必要的体育器材，又缺乏组织与引导；农民体育科普程度不高，群众性体育活动相对较弱。要使农民自觉地、科学地、有组织地开展健身活动，是一项系统工程，任重道远。

2. 农村乡镇体育发展不平衡

发展体育离不开经济基础，当前我国绝大多数农村尚不富裕，农民的收入水平也不高，经济条件普遍滞后使农民的体育文化需求尚处于较低层次，体育消费水平与城市社区体育有较大差距，没有足够的经济条件来保障农民的体育消费，致使农村体育活动的发展受到较大的制约。

农村经济的增长是农村体育发展的基础。经济发展不平衡是导致现阶段农村体育发展不平衡的主要原因。东部与中部和西部、内地与边远地区的农村体育呈现出参差不齐的发展层次。这种不平衡在农民的体育意识、场地设施、经费投入、科学指导等方面表现得较为突出。

3. 农民体育活动场地的自然性

相对于其他产业，农业生产的劳动时间长、强度大，这就使得开展农村体育活动的重要性十分突出。我国大部分地区的农村处于传统社会，一些与农业生产劳动有关的传统体育、民俗体育和具有地方特色的体育项目都有很高的社会文化价值，应该充分利用并推动它们健康发展。

农村体育活动可以在公共活动空间、自家宅院以及田间地头和自然山水等场所进行。自然体育活动场地与城市相比有较大优势，它不一定要按标准的、固定的体育设施开展活动。

4. 体育活动时间的季节性

农民的工作时间不像企业员工那样比较固定。农业生产有农忙和农闲之分，农活有重、轻之分，这就使农民体育活动时间具有季节性特点。农闲和农活量小的时间是开展体育活动较好的时机。

农民的闲暇时间因受劳动性质和劳作方式的影响而无一定的规律，农忙时几乎无闲暇而言，而农闲时整天都可以支配，所以参加体育活动的时间随着农业劳作的变化而变化。

5. 体育活动内容的地域性和民俗化

我国地域辽阔，民族众多，各地的风俗人情迥异，农民经常参加的体育项目不尽相同。农村体育的活动项目、活动形式大多具有民间民俗和民族传统特色。带有地方特色或民间传统的体育项目在农村喜闻乐见，并且能与当地的民间传统节日相吻合，参与率较高，易于组织，效果显著。

中华民族的传统体育项目简便易行，健身、健心等有民族和民俗特色的体育项目深受农民喜爱。例如，蒙古族的摔跤、赛骆驼、打布鲁，苗族的爬竹坡，踢脚架，朝鲜族的荡秋千、跳板等。具有民俗节日的体育庆典式活动有傣族的泼水节、苗族的踩花山、甘肃省夏河县藏族的响浪节和彝族的火把节等，这些具有民族特色的节日都成为了农村少数民族重要的体育活动。

6. 体育价值观念的传统性

农村生活的传统性比较突出，农耕文化对农民的生活方式有着不可忽视的影响，主要表现为体育价值观念比较传统。“一天劳动，不用运动”的观点尚有较大的“市场”，加之习惯了传统生活方式，农民对接受现代科学健身方法有一定的难度。

二、城市社区体育及农村乡镇体育的组织模式

（一）城市社区体育的组织模式

随着我国经济体制改革的推进、城市化进程的发展、社会结构的变迁，我国城市的大众体育已逐渐实现了从“单位体育”向城市社区体育的转变，城市社区体育成为面向城市社区居民的公共事物。城市社区体育建设的目的是为了满足社区居民的健身和交际需要，为了充分发挥社区体育资源的效能，更好地为社区居民服务，城市社区体育组织模式必须高效有序、组织协调、监管有力、服务到位，才能实现社会效益最

大化。

根据我国目前城市社区的体育发展现状，可将城市社区体育的组织模式表述如下（图 5-1)：

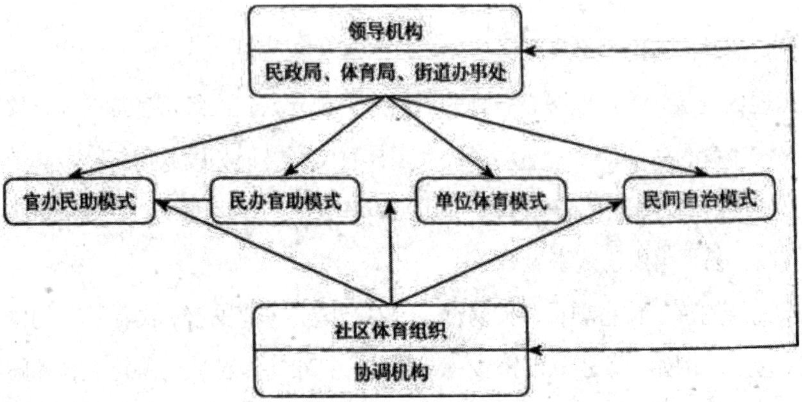

图 5 -1　城市社区体育的组织模式

就其组织体系而言，已形成了官办民助、民办官助、单位管理和民间社团自治管理四种组织模式。其领导机构是市或者区体育局名下的体育总会及地方民政局。社区体育组织是社区体育的议事、协商组织，它对市或者区体育局行使社区体育事务工作建议权和配合协调权，对社区体育的操作机构行使检查监督权等。操作机构主要负责社区居民具体的体育比赛和平时的健身指导、活动安排等。就目前的情况而言，官办民助组织模式一般只负责辖区比赛，民办官助组织模式主要负责辖区比赛和健身指导（如辅导站、晨练点等），单位体育组织模式只负责开展单位内部的职工比赛，民间体育社团主要负责组织社区居民的体育活动。

（二）农村乡镇体育的组织模式

农村体育组织建设是农民体育健身工程中的一项重要内容。根据自组织理论，我国农村体育发展的历史状况与农村体育组织方式演化的关系显示，自组织演进是当今农村体育组织方式的必然抉择。

政府和体育职能部门在农村体育组织体系中“支持体系主角、组织体系配角”的角色定位，以及在体育发展不平衡的农村地区实行“分层推进”的体育组织建设方式，是实现农村体育自组织演进及农村体育组织建设可持续发展的重要保障。

1. 我国农村基层体育组织设置的现状

按照行政层次划分，目前农村县级以下的体育基层组织可以分为三个管理层次：一是县级体育组织，主要包括政府主管体育的部门及体育社会团体。其主要职能是对全县的农村体育进行规划、管理和协调，组织县级大型体育活动和竞赛。其主要的组织载体是县体育局群体股。二是乡镇体育组织。它是连接县一级体育组织与农民体育的中介，主要负责乡镇范围内的体育工作，乡镇一级的体育管理部门主要是文体站。三是村体育组织。它是农村体育最基层的组织，直接联系广大农民和组织开展农民的体育活动。总体来说，村级大多没有设立专门管理体育的机构，一般由村干部兼职管理。

按照农村体育组织机构的种类划分农村体育组织的类型，政府体育管理机构可分为四级结构：一是政府专门体育机构，如县级体育局或县文体局，以及乡镇文化站等；二是各类群众组织中的农村体育管理机构，主要由工会、共青团、妇联等部门附设的体育机构组成；三是农村体育管理的社会团体，主要包括农民体育协会、各单项运动协会、行业体育协会和各类人群体育协会等；四是农村的民间体育组织，主要指由农民体育爱好者自发组织的各种群众性体育团体，如武术俱乐部、晨练点、晚练点、锻炼小组等。

2. 农村乡镇体育组织的选择方式

随着农村社会经济的发展，特别是社会主义市场经济的确立，使农村体育组织的自组织演进有了较大的发展。在深化农村体制改革和强调政事分开、政社分开的社会事业发展中，具有“总体性”和“同质性”管理特征的集权模式很难适应时下新农村体育发展的客观需要。因此，改“他组织”方式为“自组织”方式是我国新农村体育组织建设的必然选择。

3. 农村乡镇体育发展的组织模式

农村乡镇体育组织是依照一定的方式结合而成的集体。依其属性，可分为四种类型，即体育行政组织、体育协会、自发晨晚练点和群众体育俱乐部（表 5-1)。

▶ 表 5-1　农村乡镇体育组织模式

	镇政府	体育协会	晨晚练点	非营利俱乐部
组织属性	行政组织	社团组织	自发组织	公益组织
社会职能	管理	服务、管理	服务	服务
运行机制	权力运作	社会协调	成员互益	成员互益
组织结构	正式	正式	非正式	正式

农村乡镇体育协会主要包括老年体育协会和单项体育协会。小城镇的经常性体育活动一般由体育协会、晨晚练点及体育俱乐部负责，非经常性体育活动一般由体育行政组织负责。非经常性体育活动主要包括不定期开展的各种大中小型运动会、各种比赛、各种表演、技术培训等，经常性体育活动主要包括日常开展的晨练、晚练、广播操、健身操、跑步、散步、球类、武术和太极拳等。

三、城市社区体育及农村乡镇体育的管理方式

（一）城市社区体育的管理方式

1. 社区体育管理的含义

社区体育管理是指在街道范围内，由街道党工委、街道办事处主导的，社区体育职能部门、社区单位和社区居民积极参与的全方位的区域性自我体育服务和自我体育管理。

从社区体育管理的含义可以清楚地看到：第一，社区体育的地域要素和人口要素与街道是基本相同的，社区体育管理的范围和人群基本上就是以前街道所管辖的范围和在此区域内生活的居民。第二，管理机构呈多极化态势。既有作为主导的街道党工委和办事处，也有政府各职能部门在社区的体育机构和社区范围内的企事业单位，如学校、机关、企业等。这些单位存在于社区范围内，与社区体育息息相关，而这些社区单位拥有的体育资源较多，各有优势，有它们来参与社区体育管理，不仅能通过资

源共享的途径解决很多问题和困难，还可以加大管理力度。第三，社区体育管理的性质是群众性的自我服务和自我管理。社区体育是由社区成员通过互动关系和文化维系力联系起来的共同体，这种互动关系和文化维系力使社区体育成员相互联系，结成紧密、复杂的关系。在这些关系中，各社区体育成员之间是平等的，大家既有权对社区体育提出要求，又要为社区体育的建设、管理尽自己的义务，社区体育成员有义务参与社区体育的建设和管理。

另外，社区体育管理的目的是为了满足社区体育成员的需要，让群众满意。但由于需求的多样性，要让政府或社区单位全部包下来是不可能的，一定要发动群众自我组织、自我管理、自我服务。因此，社区体育管理应该是一种所有管理主体积极参与的自我服务和自我管理。要搞好社区体育管理，一定要协调各方的力量，充分调动各方面管理主体的参与意识、工作热情和主动性、创造性。

2. 社区体育管理的内容

社区体育管理的内容总的来讲是“四性”工作。“四性”是指地区性、社会性、群众性和公益性。就社区体育管理的具体内容而言，主要包括以下几个方面：

（1）社区体育组织管理。开展社区体育，需要建立一套较为完整的组织体系。在组织机构上，应建立市区人民政府有关部门、街道办事处、居民委员会和体育活动站四个层次的社区体育组织管理机构，由区政府牵头，以街道为主体，居委会为依托，活动站为基地，形成社区体育组织管理体系。只有建立这四个层次的社区体育组织和管理机构，才能充分发挥“条条”与“块块”的积极性，形成“条块结合，以块为主”的社区体育管理体系，为我国城市群众体育的普遍化、生活化提供组织保证。

社区体育组织管理的内容主要包括健全社区体育的各类组织机构，明确工作目标和工作职责。社区体育的组织管理体系确立后，要根据社区的实际情况，制订社区体育的工作计划。在制订该工作计划前，要进行广泛而深入的调查，全面了解社区体育的现状、需求、资源以及影响社区体育发展的宏观环境因素，并对这些因素的未来发展进行预测，从而明确社区体育的发展目标以及为实现这些目标而采取的对策和措施。社区体育工作计划要与社区服务总体规划及市、区体育发展规划相一致，要切合实际，注重可行性和科学性。

（2）社区体育服务管理。其主要职能是了解并根据社区体育居民的需求，设立、健全社区体育服务网络，完善社区体育服务体系，广泛开展社区体育服务，并对服务质量进行监督和保证，以提高社区居民对社区体育的满意度和居民的生活质量。

社区体育服务具有公益性、群众性、互助性、地域性四大特点。公益性是以社会效益为主，不以营利为目的，以满足社区居民的生活服务需求为目标；群众性是群众的事情让群众自己去办，以自我服务的方式来进行；互助性是提倡“人人为我，我为人人”的精神风尚，发动社区成员广泛参与社区体育，以互相帮助的方式来开展社区体育服务活动；地域性是指社区体育服务的对象稳定，并有一定区域范围的限制。

社区体育服务的主要内容包括：第一，提供便民利民的体育服务。第二，社区体育服务是社区体育服务组织和社区体育单位及团体组织的双向服务。这既可以充分利用社区单位和团体组织内的体育服务资源，实现资源共享，也可以分担社区单位和团体组织的服务压力，推进这些单位、组织的服务社会化进程。第三，社区体育服务是社会福利服务，主要是为社区中的弱势群体提供体育服务，如老年人、残疾人、孤儿、下岗待岗人员、生活有困难的低收入人群等。

（3）社区体育文化管理。这里的文化概念是指包括文化、娱乐、群众性文体活动及全民健身活动等内容在内的大文化概念。社区体育文化管理的具体内容是对文化娱乐设施进行规划和建设，组织健全各类文体活动组织，帮助和指导这些组织开展社区体育文化娱乐活动和群众性文体活动，引导社区居民进行全民健身活动。

（4）社区体育资源开发。社区体育的资源主要包括人力、财力和物力。社区体育人力资源开发是指社区体育管理机构应培养一批经过专门教育和培训，有一定组织能力和业务技术水平，并热心为群众服务的社会体育指导员和社区体育骨干队伍。目前，我国城市社区体育的管理人员中兼职人员多，专职人员少。由于大部分管理者身兼多职，工作内容繁杂，所以很难在社区体育指导工作上投入很多精力。部分社区体育工作者未受过专业培训，业务水平有限，这种状况很难使社区体育工作适应体育发展和社区体育建设的需要。因此，加快培养一支高质量的社区体育管理人才队伍，是加强社区体育管理的当务之急。

资金是开展社区体育的物质保证。社区体育的资金除了政府的支持以外，社区体育的组织还应采取各种形式，拓展资金筹集的途径，如辖区单位集资、赞助、缴纳会费或比赛报名费等，广泛动员社区内各方面的力量，解决社区体育的资金短缺问题。

体育场地设施是开展社区体育的重要条件。社区体育组织应与市、区体育部门和有关单位进行协调，充分利用辖区内的体育场馆设施，以保证群众进行体育锻炼和大型体育活动的开展。以市、区、街道的文化宫、文化站为阵地，开展小型多样的体育活动，在公园、街心空地、绿化地带等地方开辟相对固定的体育活动站和辅导站。社区体育组织应有计划地建设社区的各种体育场地设施，如建立各种体育活动中心、辅导站等。同时，要使用和管理好社区体育场地设施，以使其发挥最大效能。

（5）社区体育活动组织。社区体育活动主要包括体育活动站组织的锻炼活动和经常性的竞赛两个部分。社区体育竞赛的组织与其他竞赛相比，并无很大的区别。因此，社区体育活动的组织工作主要是加强体育活动站的管理。体育活动站是开展社区体育活动的主要阵地，与社区居民日常参加体育活动有密切关系。

目前我国的社区体育活动站大部分属于自发产生的非正式组织，规模较小，便于参与，是组织和吸引社区居民参加体育活动的有效形式。但是由于自身性质和特点，体育活动站也存在一些问题。例如，活动缺乏科学性、组织不稳定、多数体育活动站缺乏长期的目标和计划性、处于自生自灭的状态；体育活动站缺乏交流、活动容易在低层次上重复、不易持久发展；还有各自为战、缺乏统一规划、易出现场地设施使用方面的矛盾等。因此，需要进一步加强管理，将其纳入到正式的社区体育组织体系中，促使体育活动站健康发展。

（6）逐步实现社区体育管理规范化。社区体育管理规范化是指社区体育及其管理要按照一定的规划、方式、程序来运作。具体来说，就是使社区体育管理向制度化方面健康发展。为此，社区体育的活动性组织要制定活动规则和经营规则；街道体育协会、居委会体育组织要制定对活动性组织进行管理的规则；市、区政府除了制定各种管理基层组织体育组织的规则以外，还要确保自身行为也有章可循。

3. 城市社区体育管理方式与实施操作系统

社区体育管理方式具体地说，要做到“四个结合”：一是政府参与行为与社会行为相结合。在社区成员参与社区体育意识比较薄弱的情况下，政府行为仍然应该在社区体育建设中占主导地位。二是社区体育管理与社区体育服务相结合。社区体育的建设与发展，既需要提高服务，又需要完善管理。只重视管理形式而轻视社区体育服务的管理模式，将无法满足社区体育制度的创新需要。三是社区体育经营性与服务性相结合，逐渐建立以社会效益为主、兼顾经济效益的社区体育服务产业化发展新机制。四是社区体育专业队伍服务与群众相互服务相结合。社区体育建设与管理是一项群众性很强的社会系统工程，单以体育设施服务为主要手段是不够的，还要有组织管理体系服务、指导服务、信息服务等，以强化社区体育的整体功能。

社区体育实施操作系统是完成社区体育的基本单位，按现行社区体育管理机构的编制以及街道办事处和居委会的编制是难以实现社区体育目标的。体制创新应有两个方面：一是重新设置社区体育管理结构；二是根据“小政府、大社会”的总体思路，在条件成熟的时候逐步撤销街道办事处（包括社区所属的社区工作站），成立非政府组织机构——社区指导处，实现由“街居制”向“社区制”转型。

构建非政府、非营利性中介组织。一方面，针对社区体育工作责任重与现有的组织设置之间不配套的矛盾，积极建立各种新的载体；另一方面，针对社区体育工作要求高与抓手少的矛盾，努力寻找新的工作载体，如社区体育服务志愿者协会、社区体育互助协会、社区体育科普协会等，有意识地制定一些具有可操作性的政策加以扶助，加快发展，力争将社区体育融入到居民的生活之中。

4. 民办官助、自营自治的社区体育组织模式

我国正在部分地区推行社区体育俱乐部的试点工作，但到目前为止，多数俱乐部还没有形成稳定、成熟的经营模式，而且在管理机制和运行模式上不尽完善。

通过参考国外社区体育的发展经验和考虑到目前我国的国情，在现阶段，政府需要给予政策保障和部分资金援助，可以将市区（街道）内的公共体育设施委托给俱乐部管理，俱乐部负责自主经营，民办官助、自营自治是社区体育俱乐部管理与运作的主要方式和发展方向；社区体育俱乐部的建立必须依托地方政府和各级体育管理机构

共同参与，地方政府主要借助街道办事处来负责俱乐部的管理和监督，体育管理机构主要通过市区两级体育局群体处负责俱乐部的指导，街道办事处负责成立社区体育俱乐部指导中心，由该中心负责制定俱乐部章程、建立俱乐部组织管理机构并直接管理和指导俱乐部的运作（属地化管理）。社区体育的组织体系以社区体育俱乐部为中心，通过社区体育俱乐部辐射到单项体育协会、人群体育组织和晨、晚练活动点。

在这个组织结构中，政府可以通过俱乐部建立起以社区整体为服务对象、覆盖整个市区的社区体育网络，俱乐部负责与社区体育机构互通有无、聘用专业的体育指导人员、提供体育健康咨询、信息查询、体育竞技与休闲活动安排、场地租赁等服务。

（二）农村乡镇体育的管理方式

体育管理体制主要有政府管理型、社会管理型和结合型三种。根据我国农村乡镇体育管理体制和运行机制的现状，结合体育管理系统理论，我国农村乡镇体育管理组织应将重心下移，以适应农村新形势的发展。农村乡镇以体育县（市、区）、镇（乡）、村三级管理网络，形成了各级部门纵向垂直管理、横向水平沟通的管理模式。镇政府的主要职责是根据上级政策，制订本乡镇的体育计划，通过文体站对本乡镇的体育工作进行协调、监督和评估，并对体育活动中心、体育协会进行业务指导。村是我国农村最基层的组织，分散在各个区域，点多面广，是目前农村体育管理最薄弱和最重要的环节。

充分利用好“四个一”工程，即“建好一批乡镇综合文化站，实施好一批农家书屋，完成一批农民体育健身设施，开展一批送文化下乡活动”。调动一切积极因素，吸引文体个体户加入到社会体育指导员队伍。农村体育的发展根植于此，必须尽快健全和完善村级体育组织。由村文体俱乐部对本村体育活动点进行指导和组织各单项体育活动，实现和完善县、乡镇、村三级农村体育管理网络。

[思考题]

①——体育健身俱乐部管理的基本模式是什么?

②——社区健身中心及乡镇文化站的管理职责是什么?

③——城市社区体育发展的组织方式及特征是什么?

④——农村乡镇体育发展组织方式及特征是什么?

第六章 健身计划、交流观摩及综合竞赛管理

本章导读—— 制订健身计划、组织交流与观摩活动以及举办综合性运动竞赛活动是社会体育指导员的基本业务工作，也是社区体育活动指导与管理的主要内容。本章重点介绍日常健身计划制订的基本内容、步骤、要点与注意事项；健身活动交流与观摩的基本方式、要求以及相应的注意事项；综合性运动竞赛活动的组织流程与管理要点，可为科学健身与组织社区竞赛活动提供参考。

第一节 日常健身计划

现代研究表明，缺乏运动和过于激烈的运动都对健康有一定的不利影响。因此，在实施《全民健身条例》的今天，如何指导每个健身者学会适度的运动、科学的运动，取得最佳的健身效果，达到综合性健身目的，是一个亟待解决的科学论题。近年来新兴的日常健身计划就是一种把科学理论和方法结合起来，有效地指导人们进行科学健身的管理方式。

一、日常健身计划的基本内容

日常健身计划是根据健身运动的原理和运动锻炼的原则，结合健身者的医学检查信息，按其健康、体力、心血管机能状况、生活环境条件、运动爱好等特点而制订出的安全有效的具体健身计划，对健身者选择运动项目、确定运动强度、把握运动时间和频度等具有重要的指导作用。一个有效的日常健身计划应该包括以下内容：

（一）选择健身项目

健身项目的选择主要应根据健身者所要达到的目的而定。一般应考虑的内容包括：健身的主要目的；临床检查和功能检查的结果；健身者的运动经历、兴趣、爱好和特长；进行健身的环境、条件，是否有同伴或指导等。例如，当健身者的目的是改善和维持心肺功能状态时，应选择以有氧运动为主的健身项目，如慢跑、游泳、骑自行车等；若健身者的年龄较大，各系统功能状况一般，可先采用走跑交替的运动。

（二）健身时间、频率安排

确定日常健身的时间及频率时，主要应考虑的内容包括：临床检查和功能检查的结果；运动试验及体力测验的结果；所确定的运动内容和运动强度；健身者的年龄、运动经历等。例如，一般有氧健身运动的运动时间为 20 ~ 60 分钟。健康成人可采用中等运动强度和稍长的运动时间相配合；体力较弱者可采取小运动强度和较长的运动时间相配合。在运动频率方面，一般小运动量的耐力运动可每天进行，力量性运动可每日或隔日练习一次，伸展运动和健身操一般为每日 1 ~ 2 次。

（三）健身后的饮食搭配

营养是保证人体正常生长发育的重要因素，与人的健康有着密切的联系。合理的营养是增进健康、防止疾病、延年益寿的有效手段之一。

健身前后要科学、合理地摄入营养。既要注意科学安排膳食，也要注意各种营养素的平衡摄入。除了蛋白质、糖、脂肪三大主要的产热食物外，维生素、微量元素、纤维素和水分等在维持人的身体健康、增强体质方面也有不容忽视的作用。健身前应以高糖类、低脂肪的食物为主，如面包、米饭、面食和水果等，因为这些食物容易消化，又能提供糖原；健身后应主要补充因流汗而损失的水分、电解质、糖原等，不宜吃鸡、鱼、蛋等酸性食物，原因是这类食物会使健身者的体液更加酸性化，不利于疲劳的消除。

（四）生活习惯方面的配合

良好的生活习惯对于养成良好的健身习惯具有重要作用。要形成良好的生活习惯，不仅要有健全的心理，即要保持积极向上的情绪，培养健全的个性和人格，发展良好的人际关系，以实现内心世界与外界环境间的平衡，预防各种身心疾病的发生；还要建立良好的生活方式，如建立合理的生活制度、消除各种危害健康的行为（如吸烟、喝酒、滥用药物）和培养各种有益于健康的行为。

二、制订日常健身计划的步骤

（一）明确健身目标

健身目标需要根据不同的人的年龄和身体素质来制订。其主要作用包括强化心脏和血管机能，缓解疲劳，控制体重，增强肌肉力量，防治骨质疏松，提高免疫力等。

（二）评估健身者的体质水平

可以通过测定身高、体重、血压、心率及基本运动能力等基本参数，确定健身者体质的基本状况。例如，身高是人的最基本参数，通过身高与体重、围度的比率，可以反映出人是否肥胖，以及匀称程度；通过台阶试验，可了解健身者运动时的心率变化及运动能力，为安排运动负荷提供依据。

（三）尊重健身者的兴趣爱好

了解健身者以前喜欢的体育健身项目，可以对健身者选择其喜欢的健身项目有所帮助。如果选择个人喜欢的运动项目，健身者就易于把这个运动坚持下去。例如，对于一个曾经喜欢骑单车的健身者来说，选择以固定自行车为主的运动项目就比较适合。当前，适合普通大众参与的健身项目丰富多彩，总能找到一种适合个人的锻炼项目。另外，人们对某个运动项目的兴趣是可以培养的。因此，指导健身参与者了解某运动项目的作用和特点，使其慢慢喜欢并积极参与这项运动也是重要途径之一。

（四）衡量利弊关系

健身计划需要量身定制，在有多种选择的情况下，要衡量不同方案的利弊关系。例如，在家健身的一个好处就是方便，不好的一点就是在家要有摆放健身设备的特殊空间，而且要花钱去购买这些设备。与此相似，参加社区健身俱乐部就意味着健身者能很方便地使用那些设备，可以跟他人一起锻炼，也有机会接触到专业的指导者。但必须在规定的时间锻炼并需要支付一定的费用。一般来说，有组织的健身活动比较容易坚持下去。

（五）制订并实施健身计划

了解好个人的内外部情况，并选择好运动项目和健身方案后，就可以制订具体健身计划。刚制订的健身计划实施起来可能会不适应，且随着健身计划的实施，健身者的运动能力也会逐渐提高，因此，要根据情况变化及时调整健身计划，保持良好的健康状态。

三、制订日常健身计划的注意事项

（一）要选择适合自己的活动方式

选择健身方式的关键是要选择健身群众喜爱并能使之身心愉悦的一种活动方式。随着健身热潮的到来，健身的种类越来越多。例如，最流行的有氧运动一般有以下几种:

1. 快步走

快步走在有氧运动中最流行，并且适合各个年龄段。对于同样的距离来说，快步走和跑步消耗的热量差不多，并且受伤的可能性更小。初练者可以选择一个平缓的路面进行锻炼，速度为每小时 4 千米。在提高练习时，可以通过增加坡度或改变地形来进行锻炼，这时要注意脚踝，避免受伤。

2. 跑步

跑步和快步走相比，虽然看似简单、方便，并且节约时间，还能更快地消耗热量，但是对于一部分人来说，跑步会比较激烈。初练者可以在刚开始锻炼的前 3 ~ 4 个星期交替进行快步走和跑步，然后逐渐增加跑步的时间，直到觉得能舒畅地跑完全程为止。

3. 游泳

游泳对于一些特殊人群（如骨质疏松、哮喘病患者或者怀孕的女性等）是项非常理想的锻炼方式。但是与其他有氧运动相比，游泳对心脏的锻炼要略逊一筹。

（二）要安排好锻炼时间

运动时间主要是清晨、中午和晚上。在这三个时间段里，应根据不同时间选择不同的运动项目。例如，清晨运动是一天从事脑力劳动的准备活动，运动时间不宜太长（一般在 10 ~ 20 分钟），运动量不能太大，以免引起过早抑制，造成白天没精神，影响工作和学习，运动项目以做徒手操为主，也可进行短距离的慢跑，有条件的还可进行常年的冷水浴锻炼；中午运动是一种积极性休息，为时 10 ~ 30 分钟，项目以徒手操为宜；晚上可进行为时较短的舒缓运动，如打拳、练气功、做操、散步等，可以缓解脑神经的兴奋和消除肌肉的紧张，有利于睡眠。

（三）要遵循体育健身的原则

锻炼身体要取得良好的效果，必须遵循增强体质的生理规律和心理活动的规律。其基本原则可归纳为如下几个方面：

（1）提高认识，自觉锻炼。要求锻炼者要正确认识体育的价值，才能培养他们对某项体育活动的兴趣，才能使他们养成经常锻炼身体的习惯，才能达到理想的锻炼效果。

（2）适量负荷，因人而异。应根据健身对象的实际情况，如性别、年龄、体质、健康情况等，去选择不同的运动项目和方法，量力而行，不勉强，不超负荷。运动负荷的掌握也要因人因时而异，不能搞一刀切。

（3）循序渐进，持之以恒。锻炼时，必须遵循人体机能活动的规律，科学地锻炼身体。人体各器官系统的活动功能不能突然提高，必须有个逐步适应和逐步提高的过程。锻炼身体的运动量要由小到大，技术动作要经历由易到难、从简到繁这样一个逐步发展和逐步提高的过程。同时，还必须持之以恒，养成经常锻炼身体的良好习惯，每周至少锻炼 3 ~ 4 次。若运动时间间隔太长，则不能收到增强体质和健身健美的效果。

（4）全面锻炼，讲求实效。要根据健身者的身体实际或职业需要，选择一项锻炼效果好、健身者感兴趣的运动项目为主，辅以其他运动项目，使身体得到全面协调的发展。

第二节 交流活动与观摩

社区体育健身活动是社会体育中十分重要的组成部分，它对丰富居民文化生活、提高生活质量、交流邻里感情、改善人际关系和促进社区繁荣发展等都有重要意义。各类社区体育组织都会开展各种健身活动，然而每个社区开展的体育活动都会有一些局限性，要创新体育活动就要加强与其他社区的交流，并建立融洽的关系，相互观摩和学习，以便更好地促进群众开展健身活动。

一、交流活动的基本方式与要求

搞好社区体育组织与其他社区体育组织之间的交流，加强相互之间的横向关系，彼此取长补短，互相借鉴，互相学习，扩大社区体育活动的空间；对繁荣社区体育文化，提高精神文明建设，丰富居民的业余文化生活有着非常重要的意义。交流活动主要是在室内，注重的是相互间的对话交流，有双方互动的特点，其基本方式主要有以下几种：

（一）社区体育组织人员主动外出交流

外出交流包括参加由某一级行政部门组织的大型竞赛活动的交流和走出去与邻里社区进行交流学习，这是社区体育组织相互之间交流的重要形式。要加强联系首先就是要建立联系，主动走出去是第一步。通过相互的直接对话和交谈，可以达到取长补短、共同提高的目的。例如，甲社区体育中心派人员到乙社区进行社区体育活动的参观学习，看他们是怎样开展社区体育活动的，有哪些经验和特点，有哪些方面值得借鉴和学习，如何相互取长补短。有许多先进的社区在开展社区体育健身活动方面有很多独到的见解和得力的措施。例如，某全国城市体育先进社区利用社区健身设施好，群众基础雄厚的特点，培养了一批热爱运动、拥有专长的志愿者，发动社区居民共同强身健体。他们以社区里的体育教练和运动员为排头兵，建立了由辖区单位、社区体育骨干志愿者、社会体育指导员组成的“社区体育工作委员会”，以他们丰富的文化体育工作阅历和经验，组建了18个体育健身组织，把居民群众组织起来，制订健身计划，从而有条不紊地开展社区居民的健身活动。

主动到其他社区参观学习并不是盲目地选择社区，而是需要考虑一些条件和要求。既然是要去学习取经的，当然是要到活动开展好的社区去参观学习。所以，在进行参观学习之前，要做好前期的准备工作。可以通过网上搜寻或走访几个社区的小区居民了解社区活动的基本情况，然后总结提炼，选出较好的、有参观学习价值的社区进行交流。

（二）定期或不定期地举办体育活动交流会

交流会是一个十分重要的交流形式，只要目的明确，措施得当，就能达到很好的交流效果。社区之间在建立了一定的联系之后，可以相互协商，定期或不定期地轮流在各个社区举办交流会。在交流会上，可以谈谈开展社区体育活动的经验，遇到的问题或是对于社区开展的健身活动有一些比较好的创新的想法等。与会人员可以畅所欲言，相互交流，还可以商讨共同举办某一个健身活动等。通过会议这种形式直接进行对话交流，能达到非常好的效果。

值得注意的是，举办交流会不必太严肃或太正式，能达到交流的效果就行，但最好事先确定1～2个交流主题，以免交流中冷场或内容太泛而影响效果。举办会议的时间可以采取定期或不定期，根据实际情况而定，但中间间隔的时间不能太长也不能太短，一般每月一次比较合适，具体由各社区之间商量决定。参会的人员可以是社区体育组织人员，也可以是社区居民。

（三）互派社区体育指导人员协助指导

每个社区都会有一些在某方面具有特长的资深社会体育指导员。由于各种条件的限制，本社区的社会体育指导员不可能满足社区中居民的所有体育需求，在这种情况下，互派指导人员是一个非常好的选择。各社区可以根据各自的需要，通过互派社区体育指导员，进行体育交流。例如，甲社区的门球活动开展得较好，指导能力也较强，但是现在流行跳体育舞蹈，居民又想跳体育舞蹈，但是没有这方面的指导人员，这时刚好乙社区的体育舞蹈活动开展得如火如荼，指导人员也非常专业，但乙社区还有部分居民想进行门球活动，正好缺少门球的指导人员，此时，双方就可以进行协商，互派指导人员进行交流，解决双方指导人员不足的问题。这样就可以资源共享，互相弥补资源不足的问题，在满足居民体育健身活动的同时也加强了对外交流。

互派指导人员也要根据实际情况，所开展的活动要以能够满足大部分人的意愿为主。此外，要考虑对方所需要的指导人员，本社区是否能满足，在不能满足的情况下，一定要协商好，防止矛盾的产生。同时也要尊重社区指导人员的意愿，如果他们不愿意，不能勉强。当然，被派出的社区体育指导人员一定要具备一定的素质，无论是专业上的还是道德上的，在给其他社区居民做指导时一定要尽心尽责，不能敷衍了事。同时，要注意观察别的社区体育活动开展的情况，吸取好的经验，以便更好地指导自己社区的体育活动。

（四）举办趣味体育竞赛进行交流

趣味体育竞赛也是社区体育组织进行交流的一种方式。一方面它可以增进相邻社区间的交流，另一方面也可以调动居民参加社区体育活动的积极性，有利于组织活动的开展。例如，两个社区或两个以上社区之间相互商量筹备一场趣味体育竞赛，每个社区准备几个趣味体育竞赛项目，这其中可以把该社区的精品活动拿出来，这样就可以通过趣味体育竞赛，相互间建立联系，借鉴各自好的经验，结合自己社区的实际情况，展望以后社区体育活动的开展。同时，通过一场趣味体育竞赛，还可以激发和吸引居民参加体育健身活动的积极性。

（五）与参与者进行交流

与健身群众交流的方式有很多。例如，社区体育组织设立意见箱，让居民可以将自己认为比较好或者希望开展的体育健身活动方案投到意见箱；或在社区网站上设立专栏，供居民讨论和发表自己对于社区体育健身活动的看法；还可以由社区体育组织策划出几个比较好的健身活动方案，做成宣传板挂到社区里，让居民投票选出最想开展的健身活动。

二、观摩活动的基本方式与要求

观摩就是观看彼此的成绩并相互学习研究。健身活动的观摩可以让自己与别人对比，反思自己的不足，积极进取，再将别人好的经验应用于本社区，以便提高本社区的健身活动水平。当然，对于被观摩的社区，也是一种交流，可以在实践中检验自己的成绩，让别人提出好的建议。观摩活动就是要到实地去看，注重现场交流，特别是要到活动办得好的社区或单位去学习别人的长处。其基本方式主要有以下几种：

（一）通过体育竞赛进行观摩活动

体育竞赛是观摩活动的一个重要方式，这里的体育竞赛与交流活动的竞赛活动有所不同，主要是采取一方组织举办体育竞赛活动，其他方去观摩学习的方式。例如，一个社区举办体育竞赛活动，邀请其他社区来观摩，活动结束后请其他社区的人员对这场竞赛活动做点评，提出一些宝贵的意见和建议。

（二）派体育骨干去外地或外省观摩学习

派体育骨干去外地或外省观摩学习是观摩活动的一个重要方式，即派社区体育的骨干人员出去进修学习，观摩外地或外省社区体育活动开展得比较好的社区，吸取别人好的经验。派骨干人员到外地去观摩学习，首先要挑选各方面能力比较强的、具有发展潜质的人员。

（三）通过网络的方式进行活动观摩学习

通过网络进行观摩学习，时间无限制，学习者可以自由点击想要了解的信息，方便快捷。通过网络进行观摩学习时，要注意与自己的社区情况相结合，多方面、多视角地观摩其他社区体育健身活动开展的情况。

第三节　综合性竞赛活动管理

综合性竞赛活动一般是指多个项目集中在同一时间段进行竞赛的活动形式。它包括若干个运动项目的比赛，其任务是全面检查各项运动的普及和提高情况，广泛总结交流经验，推动体育运动的发展。

一、综合性竞赛活动规程的制订

（一）制订竞赛规程的依据

1. 符合竞赛项目的规则规定

各项目的竞赛规则是制订竞赛规程的主要依据之一。凡是规程中涉及规则的有关内容，均不得违反规则的有关条款，如破纪录的器材重量、风速等。

2. 符合组织方案的规定

组织方案是制订竞赛规程的依据之一；竞赛规程是组织方案中有关竞赛内容的具体化，所以规程内容必须与组织方案保持一致性。

3. 符合竞赛形式

根据综合性竞赛活动的竞赛形式规定参加比赛的人数以及每名运动员限报的项目数量。

4. 符合本地区（单位）的实际情况

这方面内容较多，应根据实际情况而定，如项目的设置、名次录取和计分办法等。

5. 符合参赛运动员的年龄特征

此项是不可忽视的依据，不同的年龄段应确定不同的项目。

（二）综合性竞赛规程的基本内容

综合性的竞赛规程包括竞赛规程总则（即总规程）和单项竞赛规程。在具体制订时可根据各单项的不同情况进行取舍和补充。一般包括以下几个方面：

1. 目的任务

目的任务是一次竞赛活动的宗旨。因此，在竞赛规程里应简明扼要地提出竞赛活动的目的任务，以指导竞赛活动的全过程。综合性竞赛活动的目的任务是要检阅体育运动的开展情况，检查教学和训练工作质量，增强参与者的体质，提高运动技术水平，增进团结和友谊，振奋民族精神等。

2. 竞赛日期和地点

竞赛规程应明确规定该次竞赛的起止日期、竞赛地点以及比赛场地，并与竞赛日程计划的规定相符合。考虑竞赛日期和地点时，应从竞赛的目的任务出发。例如，为了创造好的成绩，就要选择对参赛者发挥水平最有利的条件（如气候、运动场地、交通、生活、裁判水平、观众等），并注意运动项目的特点。

3. 竞赛项目

竞赛规程必须列出具体的竞赛项目。如有性别、年龄的区别，则应分别列出各组的比赛项目。综合性竞赛项目较多，是由于项目的多少不仅与竞赛任务有关，还涉及其他因素，如参加人员、比赛场地、器材设施等。

4. 参加单位

参加竞费的单位应根据竞赛任务或竞赛性质确定。一般按地区、系统或部门来划分，也可采取指定或邀请若干城市、系统或单位参加的方式。

5. 参加办法

参加办法一般包括参赛者人数、参赛者资格、报名和报到时间等内容。

（1）参赛者人数。这是从竞赛任务、运动项目的特点、分组及项目的多少、比赛时间的长短、集中地点的生活供应、交通状况等情况考虑的。一般以精简为原则，但也不要规定得太紧。各单位的领队、教练员、医生以及必要的工作人员，都应根据需要做出明确的名额规定。

（2）参赛者资格。主要包括参赛者的年龄、单位、健康状况、学习（或工作）表现，以及根据竞赛性质做出的一些特殊的条件限制（如参赛者要达到一定的技术等级），凡符合条件者，方可报名参加比赛。其目的是为了防止冒名顶替和弄虚作假，使参赛者在同等的条件下公平参加竞赛。

（3）报项。综合性竞赛活动必须规定每人限报项目数量和每个项目各单位限报人数等。

（4）报名和报到。综合性竞赛活动的报名，一般分为两次，目的是使参加运动会的单位和人数更加准确，以便主办（或承办）单位做好各方面的准备工作。第一次报名时，一般只报参加单位和参赛者、领队、教练员、工作人员的男女人数，综合性竞赛活动须填报参加项目。第二次报名时，要按规程要求报送已填好的报名表。两次报名均应写清报名的起止（或截止）时间、报名地点，以及逾期报名的处理办法。

6. 竞赛办法

竞赛办法指比赛采用什么规则以及用什么方法进行比赛。不同的项目采用不同的规则和不同的比赛方法，但是，无论采用什么规则、什么比赛方法或其他特殊的比赛规定，都必须明确地写在规程内，以便教练员、参赛者、裁判员共同遵循。

7. 录取名次与记分方法

综合性竞赛活动的名次分团体名次和个人名次。录取名次是根据竞赛项目的特点、参赛单位（或运动员）的多少、竞赛规模的大小、场地条件以及经费状况等因素考虑的。一般录取前六名或前八名。如果参赛单位（或参赛者）不足录取名次数时，可按参赛单位（或参赛者）数递减一定数量的队（人）进行录取，或按参赛实际队（人）数录取。除名次外，还有破纪录加分。在录取个人或团体名次时，常会遇到两人（队）或两人（队）以上的成绩（或总分）相等，竞赛规程对此必须按照比赛项目的规则规定（或规则精神）提出明确的解决办法。

8. 奖励办法

奖励是指对录取的个人名次和团体名次给予什么样的鼓励，创造新纪录又给予什么样的鼓励。奖励一般有精神鼓励和物质鼓励两种办法。精神鼓励主要是通过宣传报道或大会、广播等方式进行表彰，并奖给奖章、奖状、奖杯、锦旗等。物质鼓励主要是发给奖品，以资鼓励。一般个人名次奖给奖章、奖状或奖品，团体名次则发给能保存较久和具有纪念意义的奖品，如奖杯、锦旗等。

9.“体育道德风尚奖”的评选

为了加强社会主义精神文明建设，发扬团结拼搏、公正竞赛的社会主义体育道德风尚，使广大运动员、教练员和裁判员在赛场内外有良好的精神面貌和道德风尚，在综合性竞赛活动中设立“体育道德风尚奖”是非常必要的。主办单位应根据有关文件精神，结合本次竞赛活动的目的、任务和特点以及参赛单位的多少，参赛者、教练员、裁判员的多少，提出具体评选名额和评选办法。

10.其他事项

其他事项主要包括：各单位参赛者的食宿、交通、医疗等是由大会统一安排，还是各单位自理，以及上述经费开支是由大会负担，还是各单位自理等项事宜。同时还要明确对本规程未尽事宜以及对本规程的解释权和修改权由本届运动会组织委员会研究决定，以免因引起不必要的争议而贻误工作。

二、综合性运动竞赛的组织与管理

运动会的组织管理工作是指依据运动会的目标计划，确定运动会的组织方案，进而建立相应的组织机构，有目的地协调人、财、物、时间、信息，保证整个运动会竞赛活动顺利进行的过程。

根据综合性竞赛的实施规模和性质，就一次运动会而言，其组织管理工作依次可分为赛前工作的组织与管理、赛中工作的组织与管理、赛后工作的组织与管理三个阶段。其中，赛前准备工作的管理是关键环节。

（一）赛前工作的组织与管理

1.成立筹备委员会

在组织综合性运动会之前，应成立由主管社区体育工作的政府领导、文教干部、文体中心主任组成的筹备组（或筹备委员会），讨论制订组织方案，设置工作机构。整个活动由各工作机构根据组织方案实施。

2.确定组织方案

组织方案是整个活动的基础，主要包括以下几个内容：

（1）运动会的名称和目的任务。主要根据运动会的内容、性质、时间和规模等因素确定运动会名称，根据比赛性质、项目特点和本地区的具体要求等确定比赛的目的任务。

（2）运动会的主办和承办单位。大型运动会有时是一家主办，有时是几家主办，这些内容在组织方案中都要明确。承办单位往往比较多，通常主会场是一个承办单位，其他各项活动都有一个承办单位，这些都要在组织方案中说明。同时还要确定举行日期和地点。

（3）运动会的内容与规模。根据运动会的宗旨确定运动会的内容和每项内容的设项，以及各项内容的参赛者范围、比赛场馆设备器材的档次要求与数量等。

3. 成立组织工作机构

要根据运动会规模的大小、设项的多少成立相应的组委会。组委会通常由当地政府的领导和有关方面的代表组成。组委会下设秘书组、竞赛组、集资组、宣传组等。同时，各项活动或竞赛还要由承办单位牵头成立各分项组委员，负责各分项比赛的组织领导工作。分项组委员下设竞赛组、宣传组、场地器材组、保卫组、后勤等。

4. 经费预算

经费预算包括经费来源及筹资计划、经费使用原则和使用范围、收支计划与增收节支措施等。例如，主会场的会场布置、宣传费用、车辆使用、招待费、印刷费、文具费、工作人员的补贴费和开闭幕式的费用，以及各分会场的各项费用。

5. 制订竞赛规程

竞赛规程是组织实施某一届运动竞赛的主要政策与规定，对该项竞赛活动的组织管理具有高度的权威性和指导性，是竞赛组织者和参加者必须遵循的法规。竞赛规程由主管部门制定。

6. 拟订工作计划和行为准则

组织委员会成立后，应根据竞赛规程、组织方案和责任分工，拟订各职能部门的具体工作计划、宣传工作计划、大型活动计划、安全保卫工作计划和财务计划，以及工作人员守则、休息制度等，经组委会讨论审定后执行。目前，在运动竞赛的组织过程中，常采用编制计划网络图和工作流程图的方法制订运动竞赛规划和制订各职能部门计划。

7. 编制竞赛秩序册

竞赛秩序册是运动竞赛组织和具体竞赛秩序的文字依据，它由运动会的竞赛制订部门负责编制，报组委会审定后颁发。综合性运动会需要在各单项竞赛秩序册的编制订制基础上及时汇编总秩序册。各种类型运动竞赛的秩序册都必须提前下发。

竞赛秩序册一般应包括：比赛名称、时间、地点，主办与承办单位，竞赛组织机构图，运动竞赛规程，大会各部、处、室人员名单，各项目竞赛委员会、仲裁制订委员会成员和裁判员名单，各代表团名单，运动竞赛总日程表和各项目竞赛日程；分组名单，竞赛场地示意图，最高纪录表等内容。此外，根据需要，还可将参赛者、教练员、裁判员守则及各种评优条例等内容附在竞赛秩序册后。

（二）赛中工作的组织与管理

赛中管理工作始于开幕式，直至闭幕式结束。其主要管理活动包括以下内容：

1. 开幕式的组织

开幕式的程序一般应包括：宣布开幕式开始，裁判员、运动员入场，奏乐升旗，领导人致开幕词，运动员代表讲话（或宣誓），裁判员、运动员退场，开幕式表演开始和宣布开幕式结束。

为了保障开幕式既庄重严肃、欢快热烈，又紧凑安全，一般要成立开幕式临时指挥系统，负责控制和指挥开幕式的各项活动。也可由组委会授命参加运动会的单位负责人，分工合作。

2. 赛事活动的管理

比赛正式开始以后，运动会的主要指挥管理人员要深入赛场第一线，对赛事活动实行全面、集体的组织领导。要以及时、果断、准确为原则，严格掌握比赛进制订进程，加强各职能部门之间的相互协调配合，防止比赛中出现脱节、漏洞和误差。一旦遇到困难或问题，应及时召集现场办公会、仲裁委员会或组委会会议，特别注意研究和及时解决比赛中出现的弃权、争议、罢赛、弄虚作假、赛风等方面的问题，以确保赛事活动顺利进行。

3. 人员管理

竞赛期间的人员管理主要包括对裁判员、运动队（参赛者）及观众的教育和管理工作。

（1）裁判员的管理。竞赛能否顺利进行，与裁判员队伍水平的高低密切相关。当裁判员水平低下，出现明显的错判、漏判、反判、执法不公，甚至有意偏袒一方时，往往会挫伤运动员的积极性，引起竞赛纠纷，甚至会导致比赛秩序混乱或竞赛管理失控等不良局面。因此，应特别加强对裁判员的管理，抓好裁判员的职业道德教育，把“公正、准确、严肃、认真”八字方针贯彻到裁判员工作的始终，杜绝“私下交易”、本位主义等不良裁判作风；要在赛前组织裁判员认真学习竞赛规程和规则，统一认识，统一尺度，周密研究可能出现的问题和处理方法；还要及时认真地组织每一场比赛后的赛后裁判总结与讲评会议，教育和引导裁判员虚心听取运动队的意见，及时改进工作，不断提高裁判工作质量。

（2）参赛运动队（参赛者）的管理。相对于社会体育来讲，参加竞赛的大多是社区居民、单位员工、学校学生等，文化水平层次不一，可采取分级管理的办法，由组委会提出统一要求和具体规定，并做好各队之间的协调工作，定期召开会议，听取意见，处理问题，改进工作。组织参赛队学习运动会秩序册、比赛规则和运动员守则等。还可以用广播宣传、简报、专栏和组织精神文明评比等多种形式，及时反馈观众、裁判、工作人员对参赛队各方面表现的评价意见。通过严格、切实有效的管理，使各队自觉做到公平竞赛、团结拼搏、文明礼貌、互相尊重，并保持良好的心态，争取更加优异的成绩。

（3）观众的管理。加强对观众的组织与管理，既是保证比赛顺利进行的必要措施，又是充分发挥竞赛积极功能的客观要求。为此，竞赛组织者应在考虑如何组织与管理观众时，注意以下几点：提前制定并公布赛场管理规定；赛场的舆论导向要正确，宣传要客观、求实；恰当选定与布置赛场，场内观众疏散口和通道的设置及消防安全器材的安放应科学合理，符合安全要求，以确保紧急情况下观众能在较短的时间内迅速安全地疏散；严格入场前后的安全检查，禁止观众携带和场内销售不安全的物品等；科学组织进、退场工作，以便有效地防止因场外交通堵塞、出入口高密度拥挤、人流不能及时得以疏导等原因诱发开场和终场后的观众骚乱；依靠多种社会力量（如公安、交通、宣传、教育、行政等部门）联合进行防范治理；落实防范措施，强化预防职能。竞赛期间的安全保卫工作一定要做到组织、人员和责任三落实，将安全责任区明确分派到人，严格值班检查制度，做到点面结合，形成网络，疏而不漏。

（4）后勤管理。主要包括认真检查比赛场地、设备和器材的布置与使用管理情况，落实运动员和裁判员的住宿、用餐、交通安全保卫工作，监督运动竞赛的各项预算执行情况，以及医务方面的伤病预防和临场应急准备等具体工作。

（5）闭幕式的组织。在各项竞赛活动结束后，根据事先确定的闭幕式组织方案，提前准备好闭幕式的各项工作。闭幕式的基本程序是：裁判员、运动员入场，宣布比赛成绩和获奖名单，发奖，致闭幕词，宣布大会闭幕，闭幕式表演开始，宣布闭幕式全部结束。

（三）赛后工作的组织与管理

运动会闭幕后的组织与管理工作主要包括以下内容：

（1）办理各队离赛的各种手续，确保及时离会。

（2）借调的有关人员返回原单位。

（3）及时归还、转让和处理用于比赛的场地、器材、服装、用具等物资设备。

（4）评比表彰工作。对参与大会工作的单位和个人、支持与协助大会的单位和个人，以及竞赛的各级组织者、指挥者和工作人员进行表彰，以示感谢。可设置各类“体育道德风尚奖”“优秀承办奖”“优秀组织奖”和“体育活动先进社区”等奖项。

（5）竞赛财务决算。

（6）做好文件归档工作。做好活动资料的收集、整理工作，建立社区体育活动档案。

（7）汇编、寄发比赛成绩册和其他技术资料。比赛成绩册的编制应根据各项竞赛规程中有关录取名次和计分方法的规定。成绩册的主要内容依次为破纪录情况，各单项比赛成绩名次情况，获其他奖励名单等。

[思考题]

①——制订日常健身计划时应注意哪些问题？

②——简述活动交流与活动观摩的基本方式及注意事项。

③——综合性竞赛赛前准备工作的管理内容有哪些？

第七章　体育健身的科学基础

本章导读——　你了解自己的身体结构吗？你知道体育健身对人体有哪些积极作用吗？你知道怎样健身才能提高自己的耐力、力量、速度、柔韧性和灵敏性吗？你知道应该怎样安排健身活动才是科学的吗？如果你想知道以上问题的答案，就有必要学习本章内容。本章主要介绍人体各主要器官、系统的组成，体育锻炼的积极作用，体育健身增强力量、耐力、柔韧性素质的原理和方法，科学健身的方法原则、常用的健身方法和常见误区。本章既是群众性体育活动的理论基础，也是社会体育指导员指导大众健身的基本原则和操作指南。

第一节　人体的组成和体育锻炼的功效

身体是生命的载体，是精神活动的物质基础。体育健身可以提高生命的质量。本节主要介绍与体育运动密切相关的循环系统、呼吸系统、运动系统、神经系统、内分泌系统的基本结构和功能，以及体育锻炼的积极作用。

一、人体的组成

人体是由细胞、组织、器官和系统组成的一个有机体。细胞是组成人体的最小单位，一群功能相同的细胞构成了组织。

人体有 4 种基本组织：肌肉组织、神经组织、结缔组织和上皮组织。这 4 种基本组织按照一定的次序结合在一起，就构成了人体的器官，如心脏、肺、胃和大脑等。能共同完成一种或几种生理机能的多个器官，按照一定的次序组合在一起，就构成了系统。例如，心脏、血管就是循环系统的主要器官，它们把氧气和其他各种物质运送到全身。

不同的系统共同工作时，必须相互依赖才能顺利完成某项生理机能。例如，骑自行车时，肌肉和骨骼系统负责把握方向和蹬踏，神经系统负责指挥手臂和腿的协调运动，呼吸、消化和循环系统通过共同工作来为肌肉提供运动所需的能量，泌尿系统将肌肉剧烈运动后产生的废物排出体外。

人体主要的系统有 9 个：循环系统，主要功能是输送人体细胞所需要的物质，将废物排出体外，帮助抵抗疾病；呼吸系统，主要功能是将氧气带入体内，并将二氧化碳排出体外；运动系统（肌肉、骨骼系统），主要功能是支持和保护身体，产生运动；神经系统，主要功能是察觉和接受来自身体内、外部的信息，控制身体的大多数功能；内分泌系统，主要功能是控制人体的许多过程，如通过化学方法使细胞摄入糖分；消化系统，主要功能是将食物摄入体内，分解食物，消化和吸收食物营养；泌尿系统，主要功能是将废物排出体外；免疫系统，主要功能是抵抗疾病；生殖系统，主要功能是繁衍后代，控制男、女的性征。

与体育健身密切相关的系统主要有以下几个：

（一）循环系统

与连接城市各地的交通网相似，人体内也有一个“高速公路”网络，叫循环系统，也叫“心血管系统”。它由心脏、血管（动脉、静脉、毛细血管）和血液组成，负责将人体所需的物质（营养、氧气、水分等）带到细胞内并将人体产生的废物排出细胞之外。此外，血液中含有抵御疾病的各种细胞。

人体所需的大部分营养物质都要靠血液流动从一个部位到达另一个部位。例如，血液携带氧气从肺部运输到人体的各个细胞，同时也能将葡萄糖送到各个细胞内，为人的生理活动提供能量。

当细胞利用葡萄糖时，产生的二氧化碳就是一种废物。二氧化碳穿过细胞进入血液，再经过循环系统进入肺内，通过呼气排出。

循环系统还能运输某些特殊的细胞，这些细胞能杀死引起疾病的微生物，使人免受侵害。即使你得病了，也会有另一些与疾病做斗争的细胞会杀死致病的微生物，帮助你恢复健康。

血管遍布全身各处，血液通过这些血管流向人体的各个器官。

1. 心脏

心脏是血液循环的动力器官，是一个中空的肌性器官。在神经系统调节下，它能够自动、有节律地跳动，推动血液在血管内流动。

心脏位于胸腔内、两肺之间，稍偏左，其大小与本人的拳头差不多。心脏每跳动一下，就推动血液流过循环系统的所有血管。在人的一生中，心脏永不停歇地跳动，仅在两次跳动之间休息一下，一生大约跳动 30 亿次。

心脏有 4 个腔，左右两侧互不相通，每侧又分为上下两个腔，上面称为心房，下面称为心室。左心房与左心室、右心房与右心室之间借房室口相通。

2. 血管

人的血管有 3 种：动脉、静脉和毛细血管。如果将所有血管首尾相接，长度约为 100000 千米，足以绕地球赤道两周半。动脉是将心脏输出的血液运送到全身各器官和组织的血管。静脉是将血液从全身各器官和组织运回心脏的血管。毛细血管连于动静脉末梢之间，管径最小、管壁最薄、分布最广、分支数量最多，并相互连通吻合呈网状，它是组织细胞和血液之间进行物质交换的场所。

3. 血液循环的途径

血液从心脏输出，经各级动脉到达毛细血管，再经静脉回到心脏，这一过程称为血液循环。血液周而复始地循环不止。按血液循环的途径不同，可分为大循环和小循环。两个循环同时进行，并互相延续。

（1）大循环（又叫体循环）：含氧丰富的动脉血从左心室输出，经主动脉及其各级分支到达全身毛细血管，与组织细胞进行气体和物质交换。于是，动脉血就变成含有二氧化碳和代谢产物的静脉血，经各级静脉，最后汇集回到右心房。这一循环过程称为大循环。

（2）小循环（又叫肺循环）：大循环的静脉血从右心房经右房室口进入右心室。从右心室输出经肺动脉及其各级分支到达肺毛细血管，在此进行气体交换，排出二氧化碳，吸收氧气，暗红色的静脉血变成鲜红色的动脉血，经肺静脉流回左心房。这一循环过程称为小循环。

4. 血液

将血液注入试管并静置一段时间后，血液会分为上、下两层：上层为血浆，是液体成分；下层是暗红色物质，是细胞成分，由血细胞和血小板组成。血液占体重的 7% ~ 8%，具有输送物质、维持代谢、调节体温及防御等功能。

血细胞包括红细胞和白细胞。其中，红细胞的数量最多。构成红细胞的主要成分是血红蛋白。其主要功能是运输氧气和二氧化碳。白细胞数量比红细胞要少得多，它能吞噬细菌和体内的坏死细胞等，并具有重要的免疫功能。在急性炎症时，白细胞数量会增多。

血小板的主要功能是参与血液凝固。血小板不是完整的细胞，它是一小片没有细胞核的细胞碎片。

血浆是血液的细胞间质，是一种淡黄色液体。其中，水分占 91% ~ 92%, 其余为血浆蛋白、无机盐和营养物质等。当血液凝固时，血浆中的纤维蛋白原由溶解状态转变为纤维状的纤维蛋白，并与血细胞凝成血块。血浆除去纤维蛋白原的部分是黄色透明液体，叫血清。

（二）呼吸系统

没有人可以在缺氧条件下存活很长时间。体细胞需要氧气，氧气需要靠呼吸在空气中获得。呼吸系统将氧气从外界环境运输到体内，同时将二氧化碳和水排出体外。

空气从外界环境进入肺，依次通过鼻、咽和喉、气管、支气管和肺。经过这些器官时，空气中的颗粒（如浮尘、植物花粉、燃烧后产生的灰尘等物质）被捕获并过滤分离，同时空气变得温暖和湿润。

1. 鼻

空气经过鼻孔进入鼻腔。鼻腔内壁的毛细血管丰富，可使空气变得温暖。鼻腔内壁能分泌黏液，使血管保持湿润、避免干燥。黏液能捕获灰尘、细菌等。鼻腔内有纤毛，能够摆动。纤毛将黏液扫入喉咙，推入胃内，与混合着的各种被捕获的颗粒和细菌一同被胃酸分解。当然，还有一些颗粒和细菌不会进入胃，而是刺激鼻子或喉黏膜，使人打喷嚏，这有利于将其从鼻腔喷入空气中。

2. 咽和喉

流经鼻腔后，空气进入咽。咽是呼吸和消化的共同通道，空气经此入喉，食物经此入食道。喉既是呼吸的通道，又是发音器官，上通咽，下接气管。

3. 气管

气管的形状犹如字母“C”，由环状软骨组成，有弹性并随时保持畅通。用手 指顺着脖子的中间轻轻下捋，就能感觉到气管。

与鼻腔一样，气管中也有纤毛和黏液，纤毛摆动时，把黏液送到咽喉，然后吞到胃里。气管中的纤毛和黏液不断地清洁和湿润通过鼻腔的空气。如果空气中的颗粒刺激了气管黏膜，人就会咳嗽，使有害物质排出体外。

4. 支气管和肺

空气从气管进入支气管，再进入肺。肺是呼吸系统的主要器官，分为左、右两部分。支气管进入肺后，反复分支，越分越细，形成支气管树，其末端连接肺泡，肺泡专门帮助气体在空气和血液之间运动。每个肺泡都被毛细血管网包裹着，以便毛细血管内的血液获取氧气。

由于毛细血管壁和肺泡壁非常薄，所以各种物质能轻易穿过它们进入体内。空气进入肺泡后，氧气穿过肺泡壁和毛细血管壁进入血液，二氧化碳和水分则从血液进入肺泡，这一过程称为气体交换。

肺泡具有良好的弹性。吸气时，肺泡打开扩张，空气进入肺内；呼吸时，肺泡靠弹性回缩，把气体排出体外。

（三）骨骼、肌肉系统（运动系统）

1. 骨骼系统

就像高楼大厦的巍然伫立要依靠钢筋框架一样，人体内部也有一个框架，这就是骨骼。没有骨骼，人就无法站起来。骨骼的主要功能是塑造体型、支持躯体、运动、保护内脏器官、制造血细胞、储存身体所需的某些物质。骨骼系统中骨的数量由年龄决定，刚出生的婴儿有 275 块，随着年龄的增长，一些骨会融合在一起，成年人体内只有 206 块。

2. 肌肉系统

人体约有 600 块肌肉，它们具有不同的功能。有的使心脏保持跳动，有的牵动嘴角让人微笑，有的则带动骨骼运动。

有些运动（如微笑、翻书、跑步）是可以控制的，是因为参与这些动作的肌肉受人的意识支配，这些肌肉称为随意肌；而有些运动（如心跳、呼吸和胃肠蠕动）却不受人控制，参与完成这些动作的肌肉完全不受人的意识支配，这些肌肉称为不随意肌。

人体内有三种肌肉：骨骼肌、平滑肌和心肌。心肌仅存在于心脏，骨骼肌和平滑肌存在于人体的许多部位。

骨骼肌是附着在骨骼上的肌肉，能提供力量，牵引骨骼运动，是随意肌。例如，投篮、走路、在电脑上打字等都需要动用骨骼肌。平滑肌主要位于一些内脏器官的内侧，如胃壁和血管中就含有平滑肌，是不随意肌。心肌兼具骨骼肌和平滑肌的一些基本特征，既与平滑肌一样，属于不随意肌，又有骨骼肌的条纹状排列。心肌不知疲倦的收缩，称为心跳。

（四）神经系统

人们在网络上只要敲敲键盘，就能收集到来自世界各地的信息。与此相同，神经系统也是一个信息网络，是人体的最高司令部。它不仅能接收体内、外的各种信息，指挥身体各器官对相应信息做出反应，还能帮助人体维持“内稳态”。没有神经系统，人的运动、感觉疼痛、思考问题、品尝美味等各项活动都无法进行。

神经系统能让人意识到周围环境发生的各种事件和变化。例如，能让人感到一个足球迎面飞来、风正呼呼地吹、朋友正给你讲笑话等。此外，神经系统还能感知身体里发生的一些状况，如血液中的血糖水平。

环境中引起人体反应的任何变化或信号叫作刺激。神经系统在分析了刺激后，就会做出相应的反应。反应是人体对体内或体外的刺激所做出的相应活动。例如，把飞来的足球停住，紧接着又踢回去。神经系统通过指导身体对接收到的信息做出适当的反应来维持“内稳态”。例如，人饥饿时，神经系统会指导人的觅食行为，通过给人补充营养和能量来维持“内稳态”。

神经系统分为中枢神经系统（包括脑和脊髓）和周围神经系统（包括脑神经和脊

神经）两部分。

1. 中枢神经系统

脑位于颅骨内，控制着身体的大部分功能，是中枢神经系统的一部分。脊髓位于脊柱的椎管内，与脑和周围神经系统中大多数神经相连接。来自感觉器官的信号可以转换成神经冲动，通过周围神经系统，经脊髓传导至脑，脑立即分析信号的性质并做出反应。这种反应也被转换成神经冲动，通常从脑开始传递，再沿着脊髓，最后到达周围神经系统。

脑由大脑、小脑和脑干组成。其主要功能是分析接收感觉、控制骨骼肌的运动以及执行学习、记忆和判断等复杂的思维过程。大脑被分为左右两个半球。它们具有不同的功能，右半球负责将神经冲动发送到身体左侧的运动神经元，左半球控制着身体右侧的运动神经元。例如，用右手写字时，控制信息来自大脑的左半球。

小脑能使运动协调、准确，维持身体平衡。例如，走路时，小脑可以协调人的肌肉，使人的身体保持平衡。

脑干位于小脑和脊髓之间，控制着人体必需的自发行为，即不随意行为。脑干的作用是调节呼吸中枢、心血管运动中枢，即控制呼吸和心跳。脊髓被脊柱包围和保护着，连接着大脑和周围神经系统。它主要负责传递往返于脑和周围神经系统之间的信号。当然，也有一些信号不用脑来发出指令，而直接由脊髓进行处理。例如，当冬泳者一跳进冰冷的水中，全身的肌肉会立即反射性地收缩，这种收缩肌肉的指令就是由脊髓发出的。

2. 周围神经系统

周围神经系统是从中枢神经系统分支出来的神经网，连接着身体的各个部分。周围神经系统由 12 对脑神经和 31 对脊神经组成。每一对脊神经中都有一根神经到达身体的左侧，另一根则到达身体的右侧。

脊神经就像双车道的高速公路。神经冲动在脊神经里传导时有两个方向：一个朝向中枢神经系统，一个离开中枢神经系统。每一根脊神经都含有感觉神经元和运动神经元。感觉神经元将神经冲动从身体带到中枢神经系统，运动神经元将神经冲动从中枢神经系统带到身体。

周围神经系统分为躯体运动神经系统和植物神经系统。躯体运动神经系统支配躯干和四肢运动，如系鞋带、使用筷子等。植物神经系统则支配各种内脏器官的活动，如调节平滑肌的收缩，而这些平滑肌能调整血管的直径，植物神经系统是不受意识支配的。

（五）内分泌系统

人体内有两个系统调节人的活动，一个是神经系统，另一个就是内分泌系统。二者相互影响，相互配合，使机体复杂的生理机能协调统一。内分泌系统由多种内分泌器官构成，后者又称内分泌腺，由多种腺体组成，是产生激素的器官，这些激素会对人体施加重要影响，如调节人体的代谢、生长、发育和生殖等。激素类似化学信使，通过血液运输，能调节远离腺体的其他器官和组织活动。例如，下丘脑连接着神经和内分泌系统，控制着脑垂体。脑垂体分泌的激素调节着生长、血压、水平衡等生理过程，也帮助控制其他内分泌腺的活动。肾上腺分泌的肾上腺素，可以促使身体对紧急情况做出反应。胰腺分泌的胰岛素和胰高血糖素，控制着血液中葡萄糖的水平。卵巢释放的雌激素控制着青春期女孩身体的变化。这些激素对人体运动和健身活动的生理功能起着重要的调节作用。

二、体育健身的功能

（一）健身功能

1. 促使人体内脏器官构造改善和机能提高

体育锻炼能使人体能量消耗增加、代谢产物增多、新陈代谢旺盛、血液循环加速，从而使血液循环系统、呼吸系统、消化系统、排泄系统的机能都得到改善，这些系统的工作器官——心、肺等，在解剖结构上也会发生良性变化，从而使生理机能得到提高。

2. 促进机体生长发育，提高运动能力

经常参加体育锻炼不仅能促进骨骼的生长，使骨骼长长（影响身高）、横径变粗、骨密度增大、骨重量增加，提高骨骼抗弯、抗折、抗压的能力；能使肌纤维变粗、肌肉横断面积增大、肌肉收缩力和张力增强，从而提高肌肉力量和耐力；还可以改善肌肉的血液供应，增加肌肉营养，使肌肉储存更多的能量物质，以适应运动需要，提高运动能力。

3. 改善中枢神经系统的工作能力，使人头脑清醒、思维敏捷

体育锻炼能提高神经在工作过程中的强度、均衡性、灵活性和神经细胞工作的耐久力；能使神经细胞获得更充分的能量物质和氧气供应，从而使中枢神经系统在紧张的工作过程中获得充足的能量保证；能使大脑兴奋与抑制过程合理交替，避免神经过度紧张，从而消除疲劳，使头脑清醒、思维敏捷。

4. 提高人体的适应能力

体育锻炼提供了许多使人体处于非常规状态的机会（如倒立、悬垂、翻滚等），以提高人体适应现代生活的能力。同时，在严寒、酷暑、高山、高空等条件下活动，还能提高人体对外界环境的适应能力。

5. 防病治病，推迟衰老，延年益寿

体育锻炼能增强人体免疫力，提高人体对疾病的抵抗能力，对疾病具有预防作用。同时，由于体育锻炼可以改善人体各个器官和系统的功能，所以对疾病具有一定的治疗作用。人体各器官和系统保持良好的运行状态有助于推迟衰老、延年益寿。

（二）健心功能

体育锻炼不仅能调节人的心理，使人朝气蓬勃、充满活力，还能消除某些不健康情绪，塑造和完善人的个性，如减少意志消沉和情绪沮丧，提升人的自尊心和自信心，以及主观幸福感和生活满意感等。因此，它有助于促进人的心理健康。

（三）社会功能

体育锻炼还具备许多社会功能。例如，具有教育功能，可以对人实现终身关怀；具有娱乐功能，可使人参与文化建设，提高社会文明程度；可拉动消费，推动经济发展，推动城市的现代化进程；具有一定的政治功能，展现一个国家和民族的精神风貌，促进社会的和谐与进步。

第二节　体育健身与增强体质

对普通人而非运动员人群而言，身体素质主要是指人体在运动过程中表现出来的心肺耐力、肌肉力量、肌肉耐力、柔韧性、灵敏性等机能能力。系统地参加体育健身，通过对人体施加适宜的运动负荷，人为打破原有的相对平衡，可以使人体产生一系列良性的适应性变化（如肺活量增大、每搏输出量增加、肌纤维增粗、肌红蛋白增加以及骨密度增厚等），从而在一个更高的水平上建立新的相对平衡，使身体素质得以改善和提高。这是体育锻炼提高体适能和健康水平的生物学基础。

一、怎样增强心肺耐力

（一）什么是心肺耐力

心肺耐力是健康体适能最重要的组成部分。它反映了由心脏、血管、血液、肺组成的呼吸和血液循环系统向肌肉运送氧气和能量物质，以维持机体从事运动的能力。由于心肺耐力良好的人通常具有较好的运动耐力或有氧运动能力，所以心肺耐力又被称为有氧耐力或有氧适能等。

影响心肺耐力的因素除了心血管功能、呼吸功能、体内脂肪含量之外，还与年龄、性别、遗传和训练等因素有关。其中，训练对心肺耐力的影响很明显。有氧训练可以显著提高人的最大摄氧量 (VO_2max)。

（二）为什么长期的体育锻炼能提高心肺耐力

长期参加体育锻炼能使心脏、血管的形态、功能和调节能力产生良好的适应，从而提高人体的心肺耐力。具体表现在以下几方面：

1. 使心率变缓

长期坚持耐力运动，可使人安静时的心率明显减慢，心脏表现出明显的能量节省化特征。这种心脏活动的经济有效性是心脏对运动产生良性适应的反应。同时，它还能提高人体从事剧烈运动时心率的变化范围，增加心率储备。另外，经常参加体育锻炼，还可以使人体在完成定量次最大强度运动时的心率减慢，恢复期心率的恢复速度加快，这也是心肺耐力提高的反应。

2. 使心脏增大

长期的体育锻炼或运动训练，可引起以心腔扩大和心壁增厚为主要表现的心脏增大，称为运动性心脏增大，也称为运动员心脏。它不属于病理性心脏增大的范畴，而是心血管系统对长期锻炼或训练的良性适应。

3. 使心力储备增强

长期的体育锻炼可使心脏增大、心室容积增加、心肌收缩力增强，从而大大提高每搏输出量。同时，还能增加心率储备。因此，健身者的心输出量随机体代谢需要而增长的能力增强，即心力储备增强。在以最大负荷运动时，一般不锻炼的健康成人的心输出量只能达到每分钟 15~20 升，而经常锻炼者的心输出量可高达每分钟 35~40 升。

（三）发展心肺耐力的方法

发展心肺耐力的主要方法是有氧运动。某些球类运动和我国的民族传统体育运动也有提高心肺耐力的作用。小负荷力量练习也是提高心肺耐力的方法。

二、怎样增强肌肉适能

（一）什么是肌肉适能

肌肉适能是指肌肉收缩以克服和对抗阻力，维持身体运动的能力。通常表现为肌肉力量、肌肉耐力和肌肉功率三个方面。

（1）肌肉力量是指最大肌肉力量或绝对肌肉力量。它是健康体适能的组成部分之一。

（2）肌肉耐力是指肌肉在一定阻力下，尽可能长时间持续收缩，以对抗疲劳的能力。它也是健康体适能的组成部分之一。

（3）肌肉功率是指肌肉在短时间内快速发挥其收缩力量的能力，又称为快速力量，常用爆发力表示。它是竞技体适能的组成部分之一。

影响肌肉适能的因素有肌肉质量、肌纤维类型和代谢特点、肌肉生长抑素、激素水平、中枢激活、中枢神经系统对肌肉活动的协调和控制能力、中枢神经系统的兴奋状态，以及年龄、性别和抗阻训练等。

（二）为什么力量训练能提高肌肉适能

力量训练可通过多种机制提高肌肉力量，改善肌肉耐力和爆发力。主要表现在以下几方面：

1. 使肌肉壮大

力量训练能引起的最常见的肌肉形态改变，就是肌肉壮大，表现为肌纤维增粗、肌肉横断面积 (CSA) 增加。它与肌力增加密切相关

2. 增强神经对肌肉的控制能力

力量训练能够改善神经对肌肉的控制能力。这种改善的效果在力量训练早期、当肌肉横断面积较小时，或是在青春发育期之前，以及女性身上表现得最明显。

3. 改变肌纤维类型

力量训练可引起肌纤维类型的变化，主要表现为将原有肌纤维类型转化为“耐力型”“爆发型”，或调节二者之间的比例，从而改善肌肉适能。

（三）发展肌肉适能的方法

多种训练手段相结合，如不负重跳跃练习、舞蹈练习、哑铃和沙袋等轻负重以及低、中负重的杠铃练习；训练量和强度基本维持在中、低水平，以中等负荷量的低强度练习为主；慎用 90% 以上负荷强度的训练方法；训练负荷应保持相对稳定等。

三、怎样提高柔韧性

（一）什么是柔韧性

柔韧性是指跨过关节的肌肉、肌腱、韧带等软组织的伸展能力，或关节活动幅度的大小。它是健康体适能的组成部分之一。影响柔韧性的因素除了关节的解剖结构、结缔组织特性、肌肉的温度、肌肉的体积，以及肌肉－肌腱的反射活动外，还与年龄、性别、损伤、活动等因素有关。

（二）为什么伸展运动能提高柔韧性

伸展运动是发展柔韧性的主要手段之一。它能使肌肉、肌腱更大程度地拉长，弹性增加，黏滞性降低，从而增加关节活动幅度或延展性。同时，伸展运动还能提高软组织的温度，也有利于柔韧性的提高。

（三）发展柔韧性的方法

伸展运动和本体感觉神经肌肉促通术（PNF）是发展柔韧性的主要方法。进行柔韧性练习时，要持之以恒。并要注意年龄特征，年龄越大，柔韧性越差。因此，儿童少年时期就应开始系统的柔韧性训练；成年以后，也要经常练习，以保持柔韧性。

第三节　怎样科学健身

体育健身如果不科学，不仅不能强身健体，反而会损害身心健康。健身活动必须合理安排锻炼内容，遵循科学的方法和原则。

一、怎样安排锻炼内容

（一）科学选择锻炼项目

一般而言，选择锻炼项目时，应首先考虑让全身主要肌肉群参与活动，优先增进心肺耐力，并兼顾肌肉适能、柔韧性和灵敏性。同时，应根据锻炼者的锻炼习惯、兴趣爱好、年龄、性别、体质健康状况、锻炼目标、工作性质、场地条件等不同，选择适宜的锻炼项目，做到因人而异，因地制宜。

1. 因人而异

不同年龄段的人，因身体素质和体态不同，所采取的运动方式也应有所不同。一般说来，20 岁左右时可多做增强力量的练习；30 岁左右时要有意识地锻炼柔韧性；40 岁左右时要注意保持体型；50 岁左右时要多做增强背肌的锻炼，以防止脊柱变形和椎间盘损伤；60 岁以上者，可选择轻松一点、运动量小一点的项目，最好以保持心肺耐力的有氧练习为主。

另外，慢性病人（如冠心病、哮喘等病人）不宜参加剧烈的体育活动，可选择散步、太极拳等运动强度小的项目；体重大、有负重关节损伤（如髌骨劳损）的人不宜参加负重性锻炼项目（如跑步、走楼梯等），但可以参加游泳、骑自行车等不负重性锻炼项目。

2. 因地制宜

锻炼者所处的环境条件不同，所采取的锻炼方式也就不同。例如，在高层住宅、写字楼里生活和工作的人，可选择走楼梯作为健身项目；住在严寒地区的人，可选择滑雪、滑冰作为健身项目；我国南方温暖、潮湿、多雨，江河、湖泊资源丰富，居民可选择游泳等水上项目进行健身。一个平时喜欢踢足球的人，独自出差到异地，居民住地没有球场，也没有球友，就可以随时换上跑鞋，进行跑步健身。

（二）要掌握三大要素

除了选择合适的运动项目，并进行科学锻炼以外，还要把握好运动强度、运动时间和运动频率三大要素。

1. 运动强度

运动强度是指单位时间内的运动负荷程度，即通常所说的运动激烈程度。它是评价锻炼是否科学的重要环节。如果运动强度过大，容易造成过度疲劳，甚至损伤某些器官。反之，如果运动强度过小，不足以形成对机体的良性刺激，则达不到锻炼效果。为了达到锻炼效果，一般应遵循适量负荷的原则，选择适合自己的运动负荷。

怎样掌握运动强度呢？最简易的方法是测脉搏，即测运动后即刻 10 秒的脉搏，再乘以 6，就是 1 分钟的运动强度。运动中应保持的心率（即靶心率）可作为适宜的运动强度。

健康人群的靶心率可参考以下公式来确定：

靶心率 =170（180）－ 年龄

或

靶心率 =（220 － 年龄）×（70%～85%）

或

靶心率 =[（220 － 年龄）－ 安静时心率] ×（60%～75%）+ 安静时心率

例如，一位 40 岁的人，其安静时心率是 60 次 / 分钟，其最适宜的运动心率是 132 ~150 次 / 分钟。对于青壮年，靶心率 120 次 / 分钟以下的运动是小强度，120 ~150 次 / 分钟的是中等强度，150 ~180 次 / 分钟甚至 180 次 / 分钟以上的运动为大强度。

2. 运动时间

运动时间一般是指一次连续运动的时间长短。一般而言，一次运动的持续时间以不少于 30 分钟为宜，而其中达到靶心率的时间不应少于 10 分钟。不过，也要考虑年龄、强度等因素而适当地进行调整，15～60 分钟都比较合理。另外，对于日常难以集中整段时间的上班族来说，也可以化整为零，把运动时间分解成若干个 10 分钟进行，那么运动时间就是一天中累计运动的时间。

3. 运动频率

运动频率是指每周运动的次数（天数）。为了达到健身效果，必须持续进行有规律的运动。运动不能只限于双休日的突击性锻炼或随心所欲的休闲式活动，而必须有一定的频率。每周如能实现不少于 3 次、每次持续时间不少于 30 分钟的运动，且能达到适宜运动强度，并持之以恒，就可能取得良好的健身效果。

二、体育健身应遵循的基本原则

（一）全面发展

全面发展包含两个层面：一是锻炼项目要丰富多彩；二是如果锻炼条件有限，不能选择较多的运动项目，那么就应选择一种能使全身较多器官或部位都得到锻炼的运动形式，使身体机能得到全面、协调的发展。

（二）循序渐进

循序渐进是指在健身过程中，安排运动量和学习体育技能时，要遵循由小到大、由易到难、由简到繁的递进程序，切不可操之过急。否则，将欲速则不达。

（三）区别对待

区别对待是指在健身过程中，根据每个锻炼者的年龄、性别、爱好、身体条件、职业特点、锻炼基础等情况，做到区别对待，使健身更具针对性。

（四）持之以恒

经常参加健身，效果才能明显和持久。一旦参加健身，并对身体产生了良好的影响，就要坚持下去，活动内容和项目可以更换，但锻炼不能停止；每周锻炼3～5天，不要长期停止锻炼，以免影响锻炼效果；因气候条件不能在室外锻炼时，可改在室内进行；因工作繁忙，不能集中整段时间锻炼时，可充分利用零散时间锻炼。

（五）安全第一

从事任何形式的锻炼，都要注意安全。如果锻炼安排不合理，违背科学规律，就可能出现伤害事故。为了保证锻炼的安全，锻炼者应做到：锻炼前做好充分的准备活动；锻炼时要全身心投入，一定要集中注意力，这对青少年尤为重要；最好不要在沥青马路和水泥硬地上进行跑步或健美操锻炼；有心血管疾病等慢性病的老人，锻炼时应注意控制好运动量，如感不适，要立即停止活动。

三、常用健身方法介绍

（一）有氧运动

有氧运动是指能增强体内氧气摄入、运送及利用的耐久性运动。在整个运动过程中，人体摄入和消耗的氧气量基本相等，无缺氧状况发生，即以有氧代谢供能为主的运动形式。

有氧运动一般是长时间的耐力运动，它可以使心、肺得到充分、有效的刺激，提高心肺功能，从而使全身各组织、器官获得良好的氧气及营养供应，以维持人体最佳的功能状态。有氧运动有长时间（大于20分钟，最好是30～60分钟）的慢跑、游泳、骑自行车、走、有氧健身操等多种形式。

（二）无氧运动

无氧运动是指以无氧代谢供能为主的运动形式，如举重、百米赛跑、跳高、跳远等。无氧运动能增强肌力和爆发力，但它对心肺功能的刺激效果不如有氧运动。

（三）导引养生健身法

导引养生术源远流长，这类运动强调动静结合、神形兼顾、内外俱练、刚柔相济，主张意、气、体相结合，注重“气”在经络系统中的运行，以达到健身目的。我国的易筋经、五禽戏、气功、八段锦、太极剑、太极拳等，都属于导引养生健身法。其中，广受民众喜爱的太极拳将中国传统的拳术、导引术、吐纳术结合起来，并加以创新，具有独特的修身、健身、防身等功能。太极拳有很多流派，二十四式简化太极拳、八十八式太极拳、四十八式太极拳等在群众中较普及。

（四）水中运动

水中运动是一项非常好的运动方式。即使不会游泳，也可以享受水中运动的乐趣。例如，可以在水中步行、慢跑、跳跃、做体操等，都能感受到舒服、惬意。下面主要介绍五种水中运动的形式：

（1）水中慢跑已成为当今世界集健美和减肥于一体的新兴运动。对未受过正规训练和年纪较大的人而言，是一项较理想的运动方式。由于水中慢跑兼有跑步和游泳两项运动的特点，对肥胖者尤为适宜。

（2）水中体操是指在音乐伴奏下，根据个人的体型特点，充分利用水的阻力和按摩作用，在水中进行跑、跳、健步走等运动。对需要锻炼的部位进行练习，可较快地消除该部位的赘肉，使体型更趋完美。

（3）水中瑜伽最大的特性在于可以轻松地练习高难度的瑜伽，借助水的浮力，完成陆地上较难完成的动作。其健身功能有消除疲劳、提高注意力、加强心肺机能、护肤、减肥和塑型等。

（4）水中芭蕾最大的好处是可改变人的仪态，是学习控制自己肌肉的良好方式。芭蕾的基本动作中有不少肩背和手臂动作，加之在水中训练，水对身体有按摩作用，所以特别适合坐班一族。

（5）游泳需要全身肌肉、骨骼、关节都参与运动，故能增强心肺、肌肉和骨骼的机能，对增强腰背肌群的力量和防治腰肌劳损、腰背疼痛、坐骨神经痛等有明显效果。另外，它也适用于需要减肥和增强体适能的人群。

（五）器械健身

从1997年起，在我国兴起的群众健身配建工程——“全民健身路径”的建设，就是把群众喜欢的户外健身器械，经过结构工艺上的特殊设计和处理，巧妙地安装布置在环境较好的社区、公园、绿地以及其他宽敞的公共活动场所供群众锻炼使用。它将力量训练和心肺功能锻炼有机结合，具有科学性和趣味性，适合不同人群的健身需求。

全民健身路径上的器械包括：太空漫步器、压腿架、扭腰器、健骑器、上肢牵引器、太极推手器、伸腰训练器、臂力训练器、双杠、云梯、鹅卵石路等。练习时，首先要了解各种器械的功能、锻炼部位以及正确的操作方法。必要时，可请教健身指导员。

四、体育健身的误区

生命在于运动，人们越来越认识到体育锻炼的好处。但是，很多人存在对体育锻炼的认识误区。以这些错误认识指导健身实践，不仅不能起到健身效果，反而可能会对身体造成伤害。现存的误区主要有以下几种：

（一）体力劳动者无需锻炼

生命在于运动，这是人们公认的道理。但是，从事体力劳动的人往往认为整天干活就是运动，因而无需再特意锻炼。其实，体力劳动多是局部运动，即身体的某个部分或某个肌群连续不断地、单调地重复运动，所以不能使人体得到充分的、全方位的锻炼，还容易因身体的局部疲劳而造成职业病。而正确的体育锻炼则不同，它形式多样，姿势多变，人体各部位的肌肉和关节都能得到充分活动，不但不会增加疲劳感，反而有利于消除疲劳、振奋精神和增强体能。

（二）停止锻炼使人发胖

在现实生活中，的确有一些人在停止锻炼后发胖。但发胖的关键不是停止运动，而是停止运动后仍然吃与运动时同样多的食物，使摄入的热量大大超过消耗的热量，于是导致肥胖。如果停止锻炼后，随着热量消耗的减少，相应减少食物中的热量摄入，就不会发胖。

（三）锻炼时间越长越好

不少人认为，只要某种活动对身体有好处，练得越多越好，以至于不断延长每天的健身时间，最长的每天达 4 ~ 5 小时。更严重的是，有些人健身时感到很疲劳，仍不肯休息，也有人生病了还要坚持锻炼。其实，有些运动做得太多会起相反的作用。任何人锻炼后都需要时间休息和复原。人们希望从锻炼中获得的积极效果，如增加肌肉力量、改进心血管功能等，正是在休息期间的超量恢复中获得的。锻炼效果绝不会因为做得多而叠加，身体锻炼到了一定程度后，就会发生效用递减现象，有时还会因为锻炼过度而增加受伤危险。因此，锻炼时如果感到疲劳，就应停止运动，休息一段时间再继续，效果会更好。生病时不能硬撑，要立即停止锻炼，痊愈后再继续。

（四）从众没错

有些人总认为跟着别人练没错。由于参加锻炼的人年龄、性别、身体素质、锻炼目标等不同，锻炼也应有所区别。锻炼应有目的、有选择、有节制地进行，不能随心所欲、盲目从事。例如，糖尿病人不宜进行剧烈运动，冠心病人运动时要避开清晨发病高峰期，儿童少年不宜长跑等。

（五）锻炼的最佳时间是早晨

除非是在军队里，需要奉命行事，否则不一定非要在早晨进行健身。什么时候方便，就可以选择什么时候运动。但在天气炎热的季节，为了避免最热和最潮湿的时刻，应选择早晨或傍晚较凉爽、舒适的时候锻炼。同时，由于晨起时人体各脏器功能尚处于较低水平，难以适应外界环境，需要有一个逐步调整的过程，才能使各器官的功能活跃起来。因此，早上起床后应稍休息片刻，做些准备活动，然后再晨练。

（六）“饭后百步走，活到九十九”

这句养生谚语可谓人尽皆知。其意不言自明，就是说饭后多活动，有助于消化。其实，饭后立即活动，会使骨骼肌血流量增加，这势必会减少胃肠道的供血量，从而抑制消化机能。此外，体弱多病者可能患有胃下垂，若饭后立即运动，会由于重力作用而加重胃部的不适感。因此，饭后1小时再开始活动比较适宜。

（七）只要多运动，就能达到减肥目的

运动虽然能消耗人体的能量，但仅靠运动减肥往往效果并不明显。即使每天打几小时的球，但只要多喝1~2听可乐或吃几块甜点，辛辛苦苦的减肥成果便会大打折扣。因此，若想获得持久的减肥效果，除了多运动以外，还要适当控制饮食。

（八）运动后应立即沐浴

运动后换下汗湿的衣服，洗个澡，既舒服、卫生，又可消除疲劳，这已成为众多锻炼者的生活习惯。但是，有学者指出，肌肉用劲时，流向骨骼肌和心肌的血液量增加，以满足运动的需要。运动结束后，加快了的心跳和血流仍会保持一段时间，此时如果立即洗热水澡，会使血液流向肌肉和皮肤的量继续大增，使剩余的血液不足以供应身体其他器官的需要，尤其是心脏和脑部，容易诱发心脏病和晕厥。中老年人、高血压患者、高胆固醇血症患者、体重过重者、吸烟过量者，以及有潜在心脏病危险的人，尤其要注意。运动后如果立即洗冷水澡，机体受冷水刺激，可导致毛细血管突然收缩，身体抵抗力降低，容易引发感冒、气管炎、肺炎等疾病。如果过早洗热水澡，就会增加体表血量，导致心、脑、肾等重要脏器缺血，有发生心脑血管意外的风险。因此，最好在运动后半小时左右再洗个温水澡比较适宜。

（九）剧烈运动后饮啤酒好

许多人在剧烈运动后饮啤酒以解渴和散热，尤其是在夏天，少则饮几大口，多则饮1～2瓶。研究表明，人在做完几分钟剧烈运动后，马上喝一大杯啤酒，血液中尿酸和次黄嘌呤（可转为尿酸）的浓度比运动前明显增加。当尿酸在体内产生排泄障碍时，就会在人体的关节处沉积而引起痛风。因此，剧烈运动后切莫饮啤酒。

（十）锻炼越吃力，收获越大

不少人为了急于获得优美的体态，拼命加大运动量，可是常常练习不了几分钟，就不得不停下来喘息，还误以为锻炼很有成效。其实，锻炼身体能否收到良好的效果，与是否采取适当的运动量有关。剧烈运动往往会破坏人体的内外平衡，加速体内某些器官的耗损和一些生理功能失调，甚至会导致人的生命进程缩短，出现早衰和早逝。

（十一）没必要进行热身运动

有人轻率地认为，热身运动无关紧要。这是非常错误的。尚未活动开的肌肉，温度较低，突然承受大幅度运动，很容易损伤。热身运动不仅能提高神经、肌肉的适应性，使关节变得更灵活，还有益于人的心血管系统和健康。

（十二）超负重锻炼效果更好

如果我们仔细观察，就会发现许多女士在手腕或脚踝处戴着一定重量的负重物在进行锻炼，以便能消耗更多脂肪。实际上，过量负荷可能会造成肌肉、关节损伤以及肢体畸形，如脊柱变形等。因此，负重锻炼要适可而止。

（十三）为了减肥，每次锻炼时都应大汗淋漓

出汗只能降低体温，并不能直接减肥。在一次锻炼后体重减轻，主要是体内水分丢失引起的短时效应。一旦补足了水分，体重将随之恢复。

（十四）持之以恒的剧烈伸展运动可保持肌肉的柔韧性

扭腰、弯腰、左右腰部拉伸等都属于拉伸运动。这些运动应该慢慢做，不可用力过猛。伸展运动是为了让肌肉松弛，而剧烈的伸展运动只会使肌肉变得更紧。

（十五）树林中锻炼最好

很多人喜欢早起到树林或树丛中锻炼。有人甚至骑自行车到十几千米之外的郊区果园练气功、练太极拳等，因为他们认为树林中空气新鲜。其实，长期在树林中锻炼的人，有一半以上锻炼后出现过头昏或身体不适。原来，由于天亮前没有阳光照射，树木本身的呼吸作用会产生大量的二氧化碳，严重时还会引起锻炼者二氧化碳中毒，出现头昏等症状。因此，太阳出来前，不宜在树林中锻炼。

（十六）雾天也应坚持锻炼

雾天时，气压较低，风速较小，空气中的废气和废物不易消散，空气污染较重。雾中的有毒、有害物质主要包括酸、碱、苯、胺、酚以及病原体微生物等。晨练时，呼吸加快，容易吸入较多的废气和废物，因此在雾天锻炼容易诱发气管炎、咽喉炎、结膜炎、鼻炎、鼻窦炎以及变态反应性疾病。此外，雾天湿度大，气体不易交换，汗不易蒸发，以致人体多有不适，故应避开雾天锻炼。

[思考题]

①——人体是由什么组成的有机体？运动系统主要由哪两种器官组成？②——体育健身对人体的作用有哪些？③——耐力素质是什么？发展有氧耐力素质的主要方法有哪些？④——怎样科学选择锻炼项目？体育锻炼的基本原则有哪些？⑤——你知道哪些常用的健身方法？⑥——你能列举出来一些对体育锻炼的错误认识吗？

第八章　运动技能形成的心理学基础

本章导读——　要体育健身，需要掌握一定的运动技能，而高超的运动技能又是深入理解、欣赏和充分享受体育的必要条件。运动技能是身心高度统一的产物，它的学习与获得、形成与发展都与人的心理活动紧密相关。本章从介绍运动技能的概念、分类入乎，分析运动技能形成和发展的阶段，阐述练习过程的一般规律，进而推介促进运动技能形成的方法。

第一节　运动技能概述

运动技能的学习过程是一个人的身体和心理共同参与的复杂过程。它不仅需要人的感知觉、记忆、思维与想象、注意等心理过程的共同参与，还与人的情感、动机、人格特质、身体状态、既有习惯等因素密切相关。那么，运动技能的本质是什么？它的形成过程有何规律可循呢？

一、技能的概念

技能是人们在活动中运用知识和经验，并经过练习而获得的完成某种任务的动作方式或心智活动方式。人们在从事生产、生活、学习、军事、艺术、娱乐等各种活动时都需要掌握必要的技能。

通常所说的技能也包括技巧。技巧是技能发展的高级阶段。当动作的完成达到自动化阶段以后，人会对动作的各个组成部分以及时间、空间、力量特点产生清晰的运动知觉和动作表象，这种技能就成为了技巧。一个工人对自己的工种非常熟练，达到炉火纯青的程度，我们就认为他具备了技巧。

二、运动技能与智力技能的关系

根据技能的性质和特点，可以把技能分为运动技能和智力技能两种。运动技能（或动作技能）是指在学习活动、体育活动和生产劳动中的各种行为操作。运动技能主要是借助于神经系统和运动系统实现的，如书写、跑步、体操、骑车、操纵生产工具等。智力技能是指借助于内部言语（不发出声，使用高度压缩的语言）在头脑中进行认识活动（如感知、记忆、想象、思维等）的心智技能。其中主要是思维活动的操作方式，如心算、作文时的操作方式。

运动技能和智力技能既有区别，又有联系。运动技能主要表现为外显的骨骼肌的操作活动，而智力技能主要表现为内隐的思维操作活动。人的感知觉、记忆、思维和想象等，是运动技能的调节者和必要的组成部分；外部动作是智力技能的最初依据，也是智力技能的经常体现。在完成比较复杂的活动时，人总是手脑并用的，既需要智力技能，也需要运动技能。运动技能和智力技能的区别主要是活动中的主导成分不同。运动技能的主导成分是骨骼肌的活动，其辅助成分是运动表象和心理图式（如单杠下法中的“旋下”）；智力技能的主导成分是智力活动，其辅助成分是外显动作（如外语口语的流利表达）。

以上区分方法比较符合人们的一般经验，但在解释运动员的某些行为时也会遇到一定的困难。例如，在足球比赛中，以罚点球决定比赛胜负时，罚球者和守门员之间的相互猜测、估计、分析、决策等，对于比赛结果往往起着决定性作用。这种“斗智”带有明显的智力技能的特征，但最后又是通过众多肌肉群的协调运动体现出来的。单纯把这种罚点球、守点球的技能归于运动技能或智力技能，显然都不合适。

三、运动技能的分类

根据不同的分类标准，可以对运动技能进行不同的分类。这些分类的目的是为了找到学习和形成一类运动技能所必须遵循的共同规律。

（一）连续技能和分立技能

根据运动动作是否具有连续性，可以把运动技能分为连续技能和分立技能。

（1）连续技能是指动作的组织方式上没有明确的开始和结束的动作技能，通常指那些具有重复或韵律性质，并持续若干分钟以上的周期性动作技能，如跑步、游泳、自行车等。

（2）分立技能是指动作的组织方式上具有明确的开始和结束，且通常持续时间很短的动作技能，如投掷、摔跤、排球的发球扣球等。

（二）闭锁技能和开放技能

根据动作的环境条件和做动作的人相互之间的关系，可以把运动技能分为闭锁技能和开放技能。

（1）闭锁技能是指掌握运动技能的人主要靠自身内部的感受器介入所形成的反馈来调节动作，而很少根据别人（对手或同伴）的提示、帮助或阻碍等情况来做出调节。这种调节直接、迅速、可反复进行，如太极拳、健美操、游泳、跑步，篮球的罚球等，而且这种技能是在变化不大的场地、器材情况下形成的。

（2）开放技能主要是根据迅速多变的环境因素，特别是别人（对手或同伴）的情况来进行调节的运动技能，如拳击、球类等项目所运用的大部分技能。

（三）小肌肉群技能和大肌肉群技能

根据完成动作时肌肉参与的不同，可以把运动技能分为小肌肉群技能和大肌肉群技能。

（1）小肌肉群技能是指以小肌肉群活动为主的运动技能。它具有细微、精巧等特点，手指和手腕的调节尤其重要，如绣花、织毛衣、书写、绘画、打字、使用餐具等。

（2）大肌肉群技能是指以大肌肉群、大关节活动为主的运动技能。它具有粗放、大型等特点，如举重、摔跤、跑步等。

熟练的高级技能称为技巧，它是运动技能的自动化。如果完成技巧成为人的需要，人就会形成动作习惯。如果人的动作习惯得不到满足，就会感到不舒服，甚至引起不愉快的情绪。例如，某人踢足球已成为习惯，不踢球就会不舒服；某人在打乒乓球时有提肩、抬肘的习惯，要求他纠正这个错误动作，就会使他感到难受。

第二节　运动技能的形成

运动技能形成的过程与人的认识一样，都有一个由表及里，由浅入深，循序渐进，由量变到质变的过程。这个过程也具有阶段性。

一、运动技能形成的阶段

运动技能主要是通过练习形成的。运动技能的形成过程具有阶段性。不同的阶段具有不同的特点。通常把运动技能的形成划分为以下三个阶段：

（一）动作的认知阶段

在运动技能学习的初期，练习者的神经过程处于泛化阶段，内抑制过程尚未精确地建立起来；注意力的范围比较狭窄；知觉的准确性较低；动作之间的联系不协调，特别是肌肉的紧张与放松配合不好；多余动作较多，整个动作显得忙乱、紧张，所完成的动作在时间和空间上都不精确。在这个阶段，练习者能够初步利用动作结果的反馈信息，但只能利用非常明显的线索，意识的参与较多。例如，初学羽毛球的人，在练习上手击高远球时，会根据上一次击出的球距离对方底线的远近，或者模仿高手做同样动作时肘部的高低来调整自己下一次击球的力量和动作。

在这个阶段，练习者主要是通过视觉观察示范动作并进行模仿练习，较多地利用视觉来控制动作。因此，动觉的感受性较差，对动作的控制力不强，难以发现自己动作的缺点和错误。

（二）动作的联系阶段

练习者经过一定的练习之后，初步掌握了一系列局部动作，并开始把个别动作联系起来。这时，练习者的神经过程逐渐形成了分化性抑制，兴奋和抑制过程在空间和时间上更加准确，内抑制过程加强，分化、延缓及消退抑制都得到发展；注意的范围有所扩大；紧张程度有所减少，动作之间的干扰减少；多余动作趋向消除，动作的准确性提高；识别错误动作的能力也有所加强；初步形成了一定的技能，但在动作之间的衔接处常出现间断、停顿和不协调现象。

在此阶段，练习者的注意应主要指向技能的细节，通过思维分析，概括动作的本质特征，逐步完善整个动作，把若干个别动作结合成为整体。例如，羽毛球练习者经过一段时间的练习之后，发现脚下位置和抬肘的时机必须协调配合，而不是一味地全身用力才能提高上手高远球的击球效果。此时，视觉虽然起一定作用，但已不起主要作用，肌肉运动感觉逐渐清晰明确。

（三）动作的完善阶段

在这个阶段，练习者的动作已在大脑中建立起巩固的动力定型，神经过程的兴奋与抑制更加集中和精确，掌握的一系列动作已经形成了完整的有机系统，各动作都能以连锁的形式表现出来，自动化程度扩大，意识只对个别动作起调节作用。此时，练习者的注意范围扩大，主要用于对环境变化信息的加工，对动作本身的注意很少；视觉控制作用减弱，动觉控制作用加强，能及时发现和纠正动作的错误。例如，一个熟练的羽毛球运动员不仅能够灵活迅速地变换各种步法，处理各种来球，而且还能注意到球场上的汗水，防止自己滑倒。

二、运动技能形成的特点

从上述运动技能形成的三个阶段，可以总结出以下5种运动技能形成的主要特征：

（一）动作控制的意识性逐渐降低，直至自动化形成

在技能形成初期，内部语言（无声的、指导自己思维活动的语言）起着重要的调节作用。这时，技能的各种动作都受意识控制，如果意识控制稍有削弱，动作就会出现停顿或错误。随着技能的形成，意识控制逐渐减弱并被自动控制取代。在技能的熟练期，人们在完成一种技能时，只关心怎样使这种技能服从于当前任务的需要，技能的整个动作系统已经自动化。

（二）线索的利用逐渐细微

在运动技能形成初期，练习者只能对那些明显的线索（如指导者的提醒或正确动

作的外形）产生反应，不能觉察到自己动作的全部情况，难以发现自己的错误。随着技能的形成，练习者能觉察到自己动作的细微差别，能运用细微的线索，使动作日趋完善。

技能达到技巧的程度时，练习者能根据很少的线索完成动作。这时，练习者头脑里已经存储了与特有的一系列线索有关的信息，当某一线索出现之后，便能预测出会产生怎样的情况。因此，练习者只需要很少的线索便能完成一系列的反应。

（三）肌肉的协调配合、时间和空间的选择逐渐完善

在技能形成的初期，练习者无法就某一技能协调用力，主动肌不能最大限度地收缩，对抗肌不能最大限度地放松；或者发力的时间不当、位置的选择出现问题，动作的协调性就会较差。例如，在做正脚背踢球动作时，支撑脚离球偏远，大腿与小腿用力顺序错误，身体重心没有放在支撑脚上，就不能产生类似于“鞭打”的发力效果。而随着技能的熟练，这些肌肉收缩与放松的关系问题以及时间、空间的选择问题会逐渐得到解决，运动技能就会逐渐得以完善。

（四）动作程序的作用越来越明显

初学跳舞的人，一边看着脚尖，一边跳舞。随着运动技能的形成和完善，运动控制逐渐开始不再依赖于视觉反馈，而是通过动作程序来控制行为。有学者曾做过一个实验，实验是在剥夺视觉、听觉、触觉和动觉条件下进行的，要求受试者用早已熟练的手指敲击桌子的技能去敲打字机键，以此来观察再学习效果。结果发现，运动技能的熟练程度达到某一阶段时，人的头脑中就会产生动作程序，并依靠这些程序控制运动动作。这项研究推测，运动技能中外显动作质量的不同是（至少部分是）由于头脑中动作程序的质量不同引起的。练习者的不断练习所改善和提高的也主要是这些动作程序的质量。例如，熟练的太极拳练习者，在做野马分鬃、白鹤亮翅、左揽雀尾、右揽雀尾等动作时，内心已经形成了自然流畅的动作套路，成套动作宛如行云流水，一气呵成。他们的内心已经形成了一套完整的动作程序，并靠这套程序来控制整套动作。

（五）动觉反馈的作用不断加强

运动技能形成之后，人就借助于动作程序来控制动作的进行。但这并不是说，技巧的实现不需要反馈信息。这时，尽管视觉反馈作用降低了，但动觉反馈的作用却加

强了。动觉反馈信息与运动技能有着紧密的联系。例如，走路时偶尔踩到一块小石头，就会立即产生防止跌倒的动作。这就是由于脚部的动觉反馈信息对运动程序的调节。在运动技巧形成以后，动觉反馈是运动程序的控制器，保证着运动技能的顺利进行。

第三节　怎样指导锻炼者形成运动技能

运动技能是通过反复练习而形成与发展的。社会体育指导员有责任和义务帮助体育活动的参与者形成和提高运动技能。在这个教与学的过程中，要想提高锻炼者学习运动技能的效率，就必须使其掌握正确的学习方法，创造最佳的学习条件。

一、建立明确的练习目的和要求

练习与重复的最重要区别就在于目的性。无目的性的简单重复，不可能使活动方式获得改善，甚至可能使活动方式向错误的方向巩固下去。因为重复对积极活动方式和消极活动方式均具有巩固的作用。有的人天天写字，可是不良的书法习惯却可能保持终生；有的人年年夏天去游泳，但游泳技能也不见提高。如果经过有目的有计划的练习，情况就会大不相同。

在掌握运动技能的过程中，练习者为自己树立目标对获得良好的练习效果具有重要意义。这个目标会以将要掌握的运动技能的心象浮现出来，练习者可以不断将练习的动作与要掌握的运动技能的心象进行对照，同时思索怎样才能达到这一目标，思维因此而经常处于积极状态。这种练习完全不同于机械地重复，有助于提高练习效果。

二、正确选用分解练习法和完整练习法

分解练习法是指把比较复杂的运动技能分解成若干局部动作，在分别掌握这些局部动作的基础上，再把局部动作连接起来练习。完整练习法是指对一个技术动作不分部分和段落一次性地完整完成的练习方法，主要适用于比较简单的动作。两种方法各有长处，选择何种方法，应以技能的种类、复杂程度、练习者的年龄、能力、身体状况以及场地器材等条件为依据。例如，排球的发球具有相对的独立性，就可以作为局部动作进行单独练习；乒乓球中推挡、侧身、赶正手三个技术动作常常联系在一起运用，对于初学者来说，必须分解成推挡、推挡侧身和推挡侧身赶正手三个阶段逐步进行，对于优秀运动员，则大多联系在一起进行练习。

三、合理安排练习时间

学习一种技能时，在一段时间内不停歇地反复进行练习，称为集中学习。如果在练习期间插入休息，则称为分布学习。

一般而言，分布学习优于集中学习，但也并非任何情况下都是如此。研究表明，在练习开始时进行集中学习，接着改用分布学习进行练习，比单纯进行分布学习的效果还好。因此，最有利的时间分配是：开始阶段进行较为频繁的练习，每次练习时间不宜过长；然后逐渐延长练习时间，每次的练习时间也可略微延长；练习几种不同性质的动作时，最好两种方法交错起来进行。

总之，要进行高效率的练习，必须从技能的性质、练习者的能力、身体情况以及如何消除疲劳、克服遗忘等多方面出发来考虑练习时间的安排。

四、让练习者及时了解练习结果

是否了解练习结果，对于提高运动技能的练习效率有显著的影响。练习者每次练习后，及时了解自己的练习结果，了解自己的优点和缺点，就能使正确的运动技能得

到巩固，错误的动作得到纠正。这种结果的反馈对正确动作起着强化作用，对错误动作起着抑制作用，加速了动作的分化过程。

在一个实验中，实验者遮住受试者的眼睛，让他们画10厘米长的线段。实验者安排了三个组：第一组有20%的实验次数让受试者知道结果；第二组有50%的实验次数让受试者知道实验结果；第三组每次都让受试者知道实验结果。结果，第三组的线段长度误差最小，第一组的误差最大。这个研究说明，反馈量越大，学习速度越快。

除了反馈数量的多少对练习效率有直接影响以外，反馈信息的及时与否对练习效率也有直接影响。在一项实验中，让受试者画一个7.62厘米（3英寸）长的线段，但告诉受试者结果的延迟时间分别从0～30秒不等。结果表明，经过相同次数的练习后，越快了解练习结果的受试者，画线的长度误差越小，即学习成绩越好。

在练习中，如果能通过多种渠道了解练习结果的准确程度，对正确动作给予附加强化（如赞许、奖励等），有助于进一步提高效率，巩固练习成绩。在指导运动技能学习时，指导者应采用多种方法及时、详细地告诉练习者练习的正误情况，以提高练习效率。当然，进行动作反馈不能过多地挤占练习时间。如果一个指导者在练习者练习的过程中没完没了地反馈，练习者虽能及时了解练习结果，却为此损失了练习的次数，也同样无法提高练习效率。

[思考题]

①——排球二传手的传球是运动技能，还是智力技能，又或是其他类别的技能？②——请举专项实例，说明运动技能形成的三个阶段。③——如何提高运动技能学习（练习）的效率？

第九章　运动营养与运动减肥

本章导读——　本章主要阐述能量代谢的概念、能量单位、能量消耗的组成、能量需要量和膳食能量推荐摄入量与来源；介绍与运动能力下降有关的营养因素，运动与各营养素（糖类、脂肪、蛋白质、水、电解质和维生素）的关系，健身人群合理营养的基本原则；阐明运动对减肥的作用，如何科学判断肥胖，运动减肥如何实施及常见减肥误区等。本章内容既是人们学习运动营养的理论基础，也是社会体育指导员指导合理营养和运动减肥的操作指南。

第一节　运动与能量代谢

能量是人类赖以生存的基础，人体一切活动都需要能量供应，生命活动过程就是一个消耗能量的过程。人体不断从环境中摄取食物，并从中获取必需的营养素。其中的三大产能营养素是糖、脂类和蛋白质。它们在体内被分解为多种小分子物质，参与人体结构的合成及部分组织的衰老与更新，并释放出能量供人体各种活动时使用。三磷酸腺苷 (ATP)——一种高能化合物，是生命活动最直接的能量。人体会把所需的营养转化为能量，并把剩余的营养储存起来。伴随机体在物质代谢时的能量吸收、储存、释放、转移和利用的过程，称为能量代谢。

运动时，人体的能量代谢具有强度大、消耗率高的特点。对于健身人群而言，了解能量及自身对能量的需求很有必要。

一、能量单位与能量消耗

（一）能量单位

生命活动中的能量一般用热量表示。营养学上通用的热量单位是焦耳(J)和千焦(1

kJ = 1000 J），也可用卡（cal）和千卡（1 kcal = 1000 cal）。焦耳和卡的换算关系是：1 cal = 4.186 J；1J = 0.239 cal。

（二）能量消耗

人体的能量消耗主要包括以下 4 项内容：基础代谢消耗、体力活动消耗、食物热效应和机体生长发育所需能量。对成年人而言，在理想状态下，个体的能量需要量应等于其消耗量，这样，体重就会稳定；对处于生长期的儿童少年而言，能量摄入应大于消耗，才能满足生长发育的需求。如果儿童少年在一定时期内（如半年），体重一直不增加，就可能有问题，需要查找原因。

1. 基础代谢消耗

基础代谢是指人体维持基本生命活动所需的能量消耗，即人体处于恒温（18 ~25℃）、空腹（禁食 12 小时后）、清醒、静卧、放松状态下，不受精神紧张、肌肉活动、食物和环境温度影响时，维持体温、呼吸、血液循环和细胞功能所消耗的能量。

基础代谢消耗（BEE）可以通过基础代谢率（BMR）计算出来。基础代谢率是指人体处于基础代谢状态下，每小时、每平方米体表面积（或每千克体重）内所消耗的能量（kJ）。基础代谢消耗量的计算公式为：基础代谢率 [kJ ·（m^2 · h）$^{-1}$ 或 kcal·（m^2 · h）$^{-1}$]× 体表面积数（m^2）。影响基础代谢消耗的主要因素有以下几种：

（1）体表面积。体表面积越大，散热越多。

（2）年龄。婴幼儿、青春期、孕期妇女的基础代谢消耗相对较高，成年之后，随年龄增加，基础代谢消耗不断下降，若加强锻炼，降低会相对减缓。

（3）性别与体格。男性的基础代谢消耗比同龄女性高 5% ~10%，瘦体重较大、肌肉较发达者，基础代谢消耗较高。

（4）内分泌改变与应激状态。甲亢病人的基础代谢消耗会明显升高，发烧、创伤、心理应激等也会引起基础代谢消耗升高。

（5）环境条件和运动。炎热或寒冷、过量进食、精神紧张、运动等都会导致基础代谢消耗升高，而禁食、饥饿、少食时，基础代谢消耗会降低。寒季人体的基础代谢消耗高于暑季。

2. 体力活动消耗

一般来说，体力活动消耗占总能量消耗的 15% ~30%，除了基础代谢消耗外，体力活动是人体总能量消耗中变动最大的一部分。参加健身活动的人消耗的能量比不参加者要多很多。人每天的工作和生活有很多内容，如娱乐、家务劳动、体育活动等，这些活动都是由肌肉收缩做功完成的。能量消耗的增加与肌肉活动强度呈正比。

运动中能量消耗的主要来源是糖和脂肪。这两种能源物质的供能比例取决于运动强度和持续时间：运动强度达到最大摄氧量的 75% 或以上时，糖供能比例增加；运动强度降至最大摄氧量的 65% 以下时，脂肪供能比例增加（表 9–1、表 9–2）。

▶ 表 9–1 骨骼肌细胞利用的能量系统

供能系统	利用情况	运动举例
三磷酸腺苷（ATP)	所有情况	力量训练，各种投掷、跳、100 米跑等高强度运动
磷酸肌酸（CP)	运动开始时，极限强度运动及其后的短间歇	同上，高强度有间歇的运动
糖无氧酵解	高强度运动，尤其是 30 ~120 秒的运动	200 米计时跑
糖有氧氧化	运动持续 2~300 分钟，强度越大，利用越多	篮球、排球、游泳、慢跑等
脂肪有氧氧化	持续时间长的低强度运动	长距离跑步、游泳、骑车等
蛋白质有氧氧化	所有低强度运动	长时间耐力运动

▶ **表 9–2 不同运动持续时间的主要供能系统**

运动时间	供能系统
< 30 秒	磷酸原 (ATP–CP)
30 ~ 90 秒	磷酸原和糖酵解
1.5 ~ 3 分钟	糖酵解和有氧氧化
>3 分钟	糖和脂肪有氧氧化

影响体力活动消耗的因素有：肌肉越发达，活动消耗越多；体重越重，消耗越多；活动强度越大、持续时间越长，消耗越多，这是影响体力活动消耗的主要因素，与工作的熟练程度有关。不同体力活动的能量消耗情况如表 9–3 所示。

▶ 表 9–3 不同体力活动时，单位体重单位时间内的能量消耗

单位：kcal/kg ·h^{-1}

体力活动方式		能量消耗
安静（不动）	静卧、静坐、睡觉、躺或斜卧着看电视、看书、写字、电话聊天	0.9
	静站、坐着看书报	1.2
	坐着聊天、玩牌	1.4
	坐着上课、学习，站着聊天、看书	1.8
步行	缓慢步行	2.86
	110~120 步 /min	4.58
乘车	坐车	1.6
登山	5° 坡度	6.42
	7° 坡度	14.52
跑步（m/min）	跑走结合（跑步不超过 10 分钟）	5.9
	一般慢跑	6.9
	133, 一般跑步	7.8
	148	9.5
	160	10.0
	180	10.9
	200	12.4
	230	14.0
	268	15.9
	291	17.3
	322	17.8
羽毛球	一般单、双打	4.5
排球	一般	3.1
	中等	5.01
篮球	投篮	4.5
	普通	5.9

续 表

足球	一般	7.86
	比赛	9.0
乒乓球		4.0
上楼	一般负重	9.0
	体力活动方式	能量消耗
下楼		3.1
游泳 (m/min)	10	3.0
	20	4.25
	50	10.2
自行车 (km/h)	8.5	
	10.0	3.48
	15.0	4.28
	16~19	6.06
		5.9
	19.1~22.4	7.8
		10.0
	22.5~25.5	
家务劳动	洗、叠、挂衣服，整理床铺等	1.9
	洗碗、熨衣服等	2.1
	扫房间、做饭	2.4
	擦窗户、拖地	4.5
	移动家具	5.9

3. 食物热效应

食物热效应（TEF) 是指人体在摄食过程中对食物中的营养素进行消化、吸收、代谢转化等，需要额外消耗能量。食物热效应的高峰通常出现在进食后 2 小时，3~4 小时后恢复正常。

进食不同的营养素，其食物热效应不同。例如，进食糖，消耗本身（糖）所产生能量的 5% ~ 6%；进食脂肪，消耗本身所产生能量的 4% ~ 5%；进食蛋白质，消耗本身所产生能量的 30% ~ 40%。可见，蛋白质的食物热效应最强。一般混合膳食所起的食物热效应，相当于总能量的 10%。食物热效应对人体而言是一种损耗，但为了达到减肥目的，可适当增加膳食中蛋白质的供能比例，以增加机体的额外消耗。

二、能量需要量、膳食能量推荐摄入量与能量来源

（一）能量需要量的确定

能量代谢的最佳状态是达到能量消耗与摄入的平衡。这种能量平衡能使机体保持健康并能胜任必要的社会生活。而能量代谢失衡，即能量缺乏（如蛋白质－能量营养不良症）或过剩可引发肥胖、高血压、糖尿病、心脏病，这都对健康不利。

目前，确定能量需要量的方法主要有计算法和测量法。本节仅介绍经济、方便的计算法：

由于基础代谢消耗的能量占成人总能量消耗的60% 70%，所以，可根据一天的工作强度来估算成年人的能量需要量。即：

能量消耗量或需要量 = 基础代谢率（BMR）× 体力活动水平（PAL）

对于儿童、孕妇、乳母等特殊生理情况人群，还需考虑其特殊需要。成年人的体力活动水平系数见表 9-4。

▶ 表 9-4　我国成人的体力活动水平分级

活动水平	工作内容举例	PAL 系数	
		男	女
轻度	办公室工作、修理电器钟表、售货员、酒店服务员、化学实验操 作、讲课等	1.55	1.56
中度	学生日常活动、机动车驾驶、电工安装、车床操作、金工切割等	1.78	1.64
重度	非机械化农业劳动、炼钢、舞蹈、体育运动、装卸、采矿等	2.10	1.82

引自：中国营养学会，2000.

不同的年龄、性别、体力、活动强度和生理状态的人，其能量需求也不同。根据中国营养学会的推荐，从事极轻劳动，如以坐姿或站立为主的活动，一个成年人的能量需要量为每天每千克体重 37 ~ 40 千卡；从事轻体力劳动如在水平面上的走动、打扫卫生、看护小孩、打高尔夫球、酒店服务等，一个成年人的能量需要量为每天每千克体重 41 ~ 43 千卡；从事较重体力劳动的成年人，如负重爬山、伐木、打篮球、登山、踢足球等，一个成年人的能量需要量为每天每千克体重 50 千卡以上。对于增肌人群而言，其能量需要量为每天每千克体重 44 ~52 千卡；减肥人群可控制在每天每千克体重 30 千卡。

（二）膳食能量推荐摄入量

中国营养学会（2007）推荐的我国成年人各年龄组每天能量推荐摄入量 (RNI) 如表 9-5 所示。

▶ 表 9-5　我国成年人各年龄组每天能量推荐摄入量（RNI）

年龄（岁）	PAL	RNI			
		兆焦（MJ）		千卡（kcal）	
		男	女	男	女
18~	轻	10.03	8.8	2400	2100
	中	11.29	9.62	2700	2300
	重	13.38	11.30	3200	2700
	孕妇		+0.84		+200
	乳母		+2.09		+500
50~	轻	9.62	8.00	2300	1900
	中	10.87	8.36	2600	2000
	重	13.00	9.20	3100	2200
60~	轻	7.94	7.53	1900	1800
	中	9.20	8.36	2200	2000
70~	轻	7.94	7.10	1900	1700
	中	8.80	8.00	2100	1900
80~		7.74	7.10	1900	1700

引自：中国营养学会，2007.

（三）能量的来源

人体的能量来源是食物中的糖（碳水化合物）、脂肪和蛋白质，它们又被称为宏量营养素。粮谷类、薯类食物含糖较多，是膳食能量最经济的来源；油料作物富含脂肪；动物性食物一般比植物性食物含有更多的脂肪和蛋白质；大豆和坚果类食物例外，它们含有丰富的油脂和蛋白质；蔬菜、水果一般含能量较少。这三大产能营养素在体内各具不同的生理功能，长期单一摄入会造成营养失衡，影响人体健康，故三者在供能上应有一个适当比例：糖占总能量需要量的 55% ~ 65%，脂类占 20% ~30%, 蛋白质 11% ~14%。

第二节 运动与营养

良好的遗传、适宜运动和合理营养是构筑健康体魄的三大基石。本节主要概述与运动能力下降有关的营养因素，分析各营养素与运动的关系，提出健身人群合理营养的基本原则。

一、运动与营养素

（一）运动与糖

1. 运动时糖的供能

糖是体内主要的能源物质，对于某些重要的组织器官，如脑组织、视网膜、血细胞、肾髓质等，则更是主要的能源物质。对运动的人而言，糖具有以下功能：

（1）提供运动所需能量。糖是人体最重要、最优质的能量来源。进行短时间、大强度运动时，绝大部分能量由糖供给；进行短时间、小强度运动时，身体首先利用糖供能，一般在糖耗竭时，才动用脂肪或蛋白质供能，因此糖也是中等强度运动的主要能源。任何运动的起始和加速阶段，都需要糖供能。

（2）糖是中枢神经系统（CNS）的主要能源。大脑中糖的储量约为2克，它主要靠糖供能，以维持正常功能。血糖浓度降低时，首先影响中枢神经系统的机能，出现疲劳、头晕等症状，导致运动能力下降。

（3）有节约蛋白质的作用。正常条件下，蛋白质主要用来维持和修复组织，满足机体生长的需要，其参与供能的比例很低。但如果体内糖储量下降，则需要动用蛋白质参与供能。因此，运动时补足葡萄糖，可以减少蛋白质的消耗。

（4）运动中补糖有利于稳定免疫力。运动中适量补糖可使血糖保持良好水平，减少应激激素分泌，有利于稳定免疫力。

（5）能加速运动后的体力恢复。运动会使糖大量消耗，运动后尽快服用含糖丰富的食物，可明显缩短恢复期，加快体力恢复。

（6）能调节脂肪代谢。脂肪的分解代谢必须有糖的参与才能完成。运动导致糖储量下降时，脂肪代谢产物必然会增多，导致体液酸化，影响运动能力。所以，长时间健身活动时应合理补糖。

2. 运动与补糖

（1）补糖的目的和意义：运动前补糖，可增加体内肌糖原和肝糖原储备，保证运动中有充足的糖来供能，以预防疲劳；运动中补糖，可提高血糖水平、减少肌糖原损耗，延长耐力时间；运动后补糖，可加速肌糖原恢复。

（2）补糖的方法：运动前1~4小时补糖，主要补充淀粉类食物，辅以葡萄糖、果糖、蔗糖等高糖食品；运动中补糖，一般每隔30~60分钟补充含糖饮料，采取少量多次饮用的原则，糖饮料的浓度为5%~7%，饮料中可加入低浓度的钠、钾离子；运动后补糖的原则是越早补充越好，适当考虑消化道的耐受力。运动前、中、后补糖时，多糖作用大于单糖。另外，低聚糖是健身人群的好选择。

3. 健身人群对糖的需要量

在健身人群摄取的平衡混合膳食中，糖的供给量应占总能量的60%左右。其中，精制糖（单糖、双糖）的摄入量不要超过总能量的10%。

（二）运动与脂肪

1. 运动时脂肪的供能

（1）脂肪是能量的主要来源和最大的储能库。运动强度越小、持续时间越长，依靠脂肪供能的比例就越高。在运动强度低于60%~65%最大摄氧量的长时间运动中，脂肪成为主要的供能物质。

（2）长期锻炼的健身人群，其脂肪供能能力会增强。锻炼时，可节约糖的消耗，提高耐久力。

2. 健身人群脂肪的需要量

健身人群的脂肪摄入量应占总能量的25%~30%，且各种脂肪酸的比例要协调。因为脂肪的代谢产物蓄积会降低耐力，引发疲劳；脂肪摄入过多会降低蛋白质、铁等营养素的吸收率，还可能会引起高脂血症，所以应适当限制脂肪的摄入量。但是脂肪摄入不足，会影响食物的色香味美和就餐者的食欲，造成食物摄入量不足。对运动人群而言，膳食要求质精量足，不可过度限制脂肪的供给量。

爱好登山的人群常处于缺氧状态，膳食中的脂肪量应少些；经常进行游泳和冬季项目的人，由于机体散热量大，可适当提高脂肪摄入量和比例。

（三）运动与蛋白质

1. 运动时蛋白质的供能

蛋白质的基本单位是氨基酸。氨基酸供能比例相对较小，占 5% ~15%，肌糖原储备充足时只占 5%，肌糖原储备耗竭时可上升至 10% ~15%。进行长时间有氧运动时，氨基酸的供能会增强。

进行长时间耐力运动时（大于 1 小时），氧基酸可参与合成葡萄糖。这对维持血糖浓度、满足中枢神经系统和肌肉对糖的吸收利用，以及维持运动能力和抗疲劳有重要意义。

2. 运动人群的蛋白质需求

运动人群应重视蛋白质的补充。一般摄入量应占总热量的 12% ~15%，每天每千克体重应摄入 1.2 ~2.0 克，且质优、量足。

健美增肌人群的蛋白质摄入量应达到每天每千克体重 1.6 ~2.0 克；减肥人群的蛋白质供能应占总热量摄入的 15% ~18%。同时，应适量减少脂肪摄入。

运动后补充蛋白质，有助于修复受伤的肌肉和减轻疲劳、肌肉酸痛等症状。

（四）运动与水

1. 运动人群水代谢的特点

一般情况下，成年人每人每天进、出水总量为 1500 ~2500 毫升。健身运动使人产热增加，为了维持体温，需要出汗降温。出汗量与运动强度、运动持续时间，以及环境温度、湿度、热辐射强度和健身者的适应性有关。在高温、高湿条件下进行大强度的健身运动，不仅会大量排汗，出现少尿，还会使呼吸频率加快、加深，呼出的水蒸气也明显增加，代谢水产生也增多。

2. 运动性脱水

运动性脱水是由于运动引起体内水分和电解质（尤其是钠离子）丢失过多。常见的原因是在高温、高湿环境下，长时间、高强度地运动，导致大量出汗而未及时补充水分和电解质。快速减体重的人群容易发生严重脱水。另外，低温下运动（如爬山），虽无大量排汗，但寒冷会导致尿液和从呼吸道呼出、皮肤蒸发的水分增多，也可能造成脱水。

3. 怎样补水

（1）原则：补足失水量（失水量 = 运动前、后体重之差），保持水平衡。采取少量多次的饮水方法，切忌一次性暴饮。

（2）目的：防止过度脱水，同时还可补充糖分和电解质（钠、钙、钾等）。

（3）方法：可在运动前、中、后期，根据健身方式及时补液。健身者应养成每隔 15 ~20 分钟补液 120 ~240 毫升的习惯，或者每跑 2 ~3 千米补 100 ~200 毫升，每小时补液量以 500 ~800 毫升为宜。

4. 常见的错误补水方法

（1）不渴不补：口渴时，一般已失去体重 2% ~3% 的水，若按口渴感补水，2 天才能补上丢失的水分。

（2）单纯补充白水：汗液里除了水，还有低浓度（1% ~2%）的盐分，单纯补充白水，会导致体内盐浓度下降，而排尿、排汗增多，甚至导致“越喝越渴”。大量出汗后，可以补充含糖的、低浓度的电解质饮料，如运动饮料。

5. 运动饮料

运动饮料是指营养素的组成和含量能适应健身人群的生理特点与特殊营养需要的软饮料。

（1）运动饮料的特点：含一定的糖，理想浓度为 5% ~ 7%；含适量的电解质，一般加了适当的钠、钾盐；低渗饮料，即比血浆渗透压低或相等，而一般饮料基本都是高渗饮料，对运动中水和其他营养成分的快速吸收不利；不含碳酸气体、咖啡因和酒精。

（2）运动饮料的分类：普通运动饮料，其主要作用是补充人体在运动中所消耗的糖、水分、电解质和维生素（B_1、B_2、C）；功能性运动饮料，即除了添加糖、电解质、维生素以外，还添加了一些特殊强化的营养成分，如蛋白粉、肌酸、抗氧化物质（如番茄红素、维生素 E、β－胡萝卜素）等。

（3）使用方法：运动前 30 分钟补充 300 ~500 毫升运动饮料（约 15℃），天气特别炎热时，还应额外增加运动前的补液量；运动中每隔 15 ~20 分钟补充 150 ~200 毫升，一般每小时不超过 800 毫升；运动后以补充含糖和电解质的饮料为佳，一般每小时不超过 800 毫升。

二、健身人群合理营养的基本原则

健身人群合理营养的基本原则是以平衡膳食为核心，针对健身锻炼项目的需求和个体情况，再酌情调整某些营养素。

（一）平衡膳食的具体要求

为保证人体健康，膳食中既要含有人体所需的数量充足的各种营养素，又不能过剩；既能满足生理需要，又能促进生长发育和健康。具体要求如下：

（1）能量应满足机体需要，且不过剩。即三种供能营养素（蛋白质、脂肪和糖类）构成比例要适当：蛋白质占 12% ~15%、脂肪占 20% ~30%、糖占 55% ~65%。

（2）能提供足量的优质蛋白。优质蛋白应占蛋白质摄入总量的 1/3 以上。

（3）能提供各种充足的维生素和矿物质。

（4）能提供充足的水分。

（5）能提供适量的膳食纤维，以维护肠道的正常功能。

（二）健身人群的膳食指南

2010 年，中国营养学会修订的《中国居民膳食指南》（以下简称“指南”）也是体育健身人群的膳食指南。随着时间的推移，这部指南虽然内容上发生了变化，但与运动有关的部分却一直没有改变。其主要精神是：食物多样，谷类为主，粗细搭配；多吃蔬菜水果和薯类；每天吃奶类、大豆或者豆制品；常吃适量的鱼、禽、蛋和瘦肉；减少烹调油用量（每天 25 克），吃清淡少盐（每天 6 克）的膳食；食不过量，天天运动，保持健康体重；三餐分配要合理，零食要适当；每天足量饮水，合理选择饮料；如需饮酒应限量；吃卫生新鲜的食物。

中国居民平衡膳食宝塔（以下简称“膳食宝塔”）是根据“指南”的核心内容，

结合中国居民膳食的实际状况，把平衡膳食的原则转化成各类食物的重量，便于人们在日常生活中实行（图 9-1）。

油 25~30 克盐 6 克

奶类及奶制品 300 克

大豆类及坚果 30 ~50 克

畜禽肉类 50~ 75 克

鱼虾类 50 ~100 克

蛋类 25~ 50 克

蔬菜类 300 ~500 克

水果类 200 ~400 克

谷类薯类及杂豆

250 ~400 克

水 1200 毫升

图 9-1 中国居民平衡膳食宝塔

需要指出的是，“膳食宝塔”的左侧有一个健身的人，每天身体活动 6000 步。这其实是以千步活动量为尺，给人们推荐了一个运动量。

以日常生活中的中等速度步行，走 1000 步大约需要 10 分钟，每小时大约能走 6 千米（中等速度：感到心跳和呼吸加快；用力但不吃力；可随呼吸节奏连续说话，但不能唱歌）。以中等速度步行 1000 步为标尺，度量你每天的身体活动，各种活动都可以换算为1000步的活动量或能量消耗。不同活动完成1000步活动量的时间不同(表9-6)。

1 万步活动量的目标并非适用于每个人，日常活动少或体质差者可以选择 4000 步或 7000 步的目标。

相当于 1 万步的活动量可通过日常生活和工作中的活动、步行或骑自行车出行和体育锻炼等途径达到。

▶ 表 9-6 完成相当于 1000 步活动量的各种活动时间★

	活动项目	千步活动量时间 /min
步行	3 千米 / 小时，慢速，水平硬表面	20
	4 千米 / 小时，水平硬表面；下楼；下山	10
	4.8 千米 / 小时，水平硬表面	9
	5.6 千米 / 小时，水平硬表面；中慢速上楼	7
	6.4 千米 / 小时，水平硬表面；0.5 7 千克负重上楼	5
	5.6 千米 / 小时；7.5 11 千克负重上楼	4
自行车	<12 千米 / 小时	10
	12~ 16 千米 / 小时	7
	> 16 千米 / 小时	4
家居	洗盘子，熨烫衣物	15
	做饭或准备食物、走动、看孩子（轻度用力，坐位）	13
	擦窗户	11
	整理床铺、搬桌椅	10
	手洗衣服	9
	扫地、拖地板、吸尘	8
	和孩子游戏，中度用力（走、跑）	7
文娱活动	柔软活动（拉韧带、压腿）	13
	舞厅舞（如华尔兹、狐步、慢速舞蹈）、排球	10
	早操、太极拳	8
	瑜伽、乒乓球、踩水（中度用力）	7
	健身操、上下楼、爬绳、羽毛球、高尔夫球	6
	网球	5
	一般健身房运动、集体舞、起蹲	4
	走跑结合（慢跑成分 <10 分钟）、篮球	4
	慢跑、足球、轮滑、旱冰	3
	跑（8 千米 / 小时）、跳绳（慢）、游泳、滑冰	3
	跑（9.6 千米 / 小时）、跳绳（中速）	2

★千步活动量：相当于以 4 千米 / 小时的速度步行 1000 步（约 10 分钟）的运动量；千步活动时间：某项活动完成 1000 步活动量所需要的时间。

第三节 运动与减肥

肥胖是进食调控和能量代谢调节紊乱、体内脂肪过量储存所致的慢性代谢性疾病。它既是一种独立的疾病，也是诱发II型糖尿病、心脑血管疾病、高血压、胆囊疾病、阻塞性睡眠呼吸暂停综合征、多种癌症的独立危险因素。肥胖在全世界广泛流行且增长迅速，预防和控制肥胖已成为刻不容缓的任务。

减肥的方法有多种，常用的有运动疗法、饮食疗法、药物治疗和手术治疗。其中，运动疗法和饮食疗法相结合是目前公认的最有效的方法。这里主要介绍运动疗法。

一、体育运动对减肥的作用

体育运动可以增加人体的代谢率，让机体消耗更多热量，有利于保持体型和减肥效果，增加生活乐趣，降低单纯采用饮食疗法减肥所带来的精神压力以及对身体机能和健康相关指标的不利影响。

（一）有氧运动有利于脂肪降解

有氧运动可增加脂肪消耗，减少体内脂肪积聚。当以 40% 的最大摄氧量强度运动时，脂肪供能约占 60%。

（二）有氧运动可调节肥胖基因表达

肥胖基因表达产物——瘦素，有抑制食欲和增加能量消耗的作用。有氧运动可提高瘦素水平或生物活性，以实现减肥。

（三）有氧运动可改善神经内分泌调节

进行有氧运动能抑制胰岛素（促进脂肪贮存）分泌，加速脂肪分解。

（四）有氧运动可改善胰岛素受体的敏感性

肥胖者常出现胰岛素抵抗，促进脂肪储存。长期进行有氧运动可减轻胰岛素抵抗，抑制脂肪合成，从而达到减脂的目的。

（五）有氧运动与饮食疗法相结合对生理机能指标的积极作用

在实际减肥过程中，一般都是运动疗法与饮食疗法相结合进行的。饮食疗法相当于减少能量摄入，运动疗法相当于增加能量消耗，最后达到能量负平衡的效果。

与民间常采用的单纯饮食疗法相比，有氧运动与饮食疗法相结合可以对人的一些生理指标和机能指标产生积极作用。这些指标包括耐力、体力、肌肉张力、韧带弹力、最大摄氧量、瘦体重、体脂百分比、胰岛素受体敏感性、能量代谢率、出现营养缺乏状况、血清高密度脂蛋白胆固醇水平和精神状态等。

二、肥胖的判定

不是每个人都能对自己的体型和体成分做出客观评价。如果让肌肉、骨骼发达的“假性肥胖者”减肥，就冤枉人家了；而不让小骨骼、平时不爱活动的“隐性肥胖者”减肥，就把人家遗漏了。两种情况都不合适。所以，实施减肥前，首先需要判断是不是需要减。

目前，常用的判定肥胖的标准和方法有身高－标准体重法、皮褶厚度测量法、体重指数法、腰围和腰臀比判定法以及体成分测试法。

三、实施运动减肥

1. 案例 1

某男，26 岁，身高 1.75 米，体重 88 千克，体重指数（BM1）= 28.7, 想减肥。

体成分分析：BMI = 28.7 ＞ 28, 属于肥胖（轻度）。

健身方案设计思路：拟将 BMI 降至 23.9, 体重降到 73 千克，实现减重 15 千克的目的，同时提高心肺功能。

运动周期：以每周减 0.5 千克的速度减肥，每月减 2 千克，拟用 30 周（约 7.5 个月）达到目标体重。大致分为 3 个阶段，即准备阶段 4 周，正式阶段 26 周，维持阶段 30 周之后。以 1 千克体重相当于 7600 千卡能量计算，每周 5 次，每次减热量为 760 千卡（7600 × 0.5/5）。其中，约 50% 为运动减肥耗能（约 380 千卡），另外约 380 千卡的能量（约 50%）则通过饮食疗法减掉。

具体方案：在原有健身活动的基础上，增加每周 5 次、每次 60 分钟的活动。其中，快走 30 分钟（速度为 110 ~120 步 / 分钟，耗能约 201.5 千卡）），骑自行车 30 分钟（速度为 15 千米 / 小时，耗能约 180 千卡），即每次通过额外增加活动消耗能量 381.5 千卡。其余 378.5 千卡通过饮食疗法解决。

运动频率：前 30 周，每周 5 次；维持阶段，每周 3 次。

注意事项：在准备阶段，步行速度适当缓慢，运动时间逐渐延长，否则将欲速则不达；在正式阶段，最好在社会体育指导员指导下进行，控制好运动速度、时间和强度，自我检测心率，防止意外事故发生；降到目标体重（73 千克）后，要注意维持，并继续进行有氧运动以防止体重反弹。

2. 案例 2

某女，40 岁，身高 1.56 米，体重 64 千克，体重指数（BMI）=26.3，想减肥。

体成分分析：24 ＜ BMI=26.3 ＜ 28，属于超重，非肥胖。

锻炼方案设计思路：拟将 BMI 降至 23.9（正常高限），即体重需降至 58 千克，也就是要减 6 千克的重量。如果以每周减 0.5 千克的速度减肥，需要每月减 2 千克，拟 3 月内达到目标体重 58 千克。以 1 千克体重相当于 7600 千卡能量计算，每日减热量为 543 千卡（7600 ×0.5/7）。其中，约 50% 为运动减肥耗能（约 272 千卡），另外 271 千卡的能量（约 50%）则通过饮食疗法减掉。每天需要通过运动疗法额外消耗 272 千卡的能量。

具体方案：每天在原有健身活动的基础上，增加散步 30 分钟（速度为 1.6 千米 / 小时，耗能约 100 千卡）、骑自行车 30 分钟（速度为 15 千米 / 小时，耗能约 180 千卡），即每天通过 60 分钟的运动额外增加活动消耗能量 280 千卡。其余 263 千卡通过饮食疗法解决。

四、减肥的误区

（一）快速减肥

常用的快速减肥方法是脱水。具体可采取导泻、蒸桑拿、节食和节水等措施达到。因此，减掉的成分主要是水，而对体内脂肪本身并无实质性作用。进食和饮水后，体重很快就会反弹。另外，脱水也是一种危险的减肥方式，如反复进行，给健身者带来的不仅仅是身体上的伤害，更多的是对减肥信心的打击，从而造成更大的心理压力。因此，世界卫生组织认为每周减 0.5 ~1 千克的缓慢减重速度是比较适宜的。

（二）只要多运动就能减肥

只要运动，就能消耗能量，这是毋庸置疑的。但是，为什么有的人参加锻炼后，体重不仅没减反而增加了？因为减肥最基本的原理是能量负平衡，即热能消耗要大于热能摄入。锻炼后体重不仅没减反而增加，不外乎两种情况：一是运动中消耗的热能不足，二是运动后摄入的热能过多。有些人认为只要参加锻炼就能减肥，不管能量消耗多少，运动后便大吃大喝，不加控制，补充的能量远远超出消耗的能量，减肥效果自然不好。由此可见，既要坚持锻炼，又要适当节食，才是正确的减肥方法。

（三）减肥与力量训练无关

随年龄增长，特别是在 40 岁之后，人体的能量代谢率（RMR）将以 1% ~ 3% 的速度逐年递减，能量代谢率的降低，在很大程度上归咎于随年龄增长而导致的瘦体重的减少，而力量训练能明显增加肌肉体积，提高瘦体重和能量代谢率，从而增加能量消耗。

（四）运动减肥有减全身或局部之说

在广告词中，我们常听到或看到“减腰”“减臀”“减腹”等字眼。那么，局部运动是否能减少局部脂肪呢？答案是否定的。因为局部运动往往易疲劳，不易持久，且总的能量消耗低；脂肪供能是受神经和内分泌控制的，并非练哪儿就能减哪儿的脂肪，所以局部减肥并不明显。当机体需要动用脂肪时，会优先选择和动用供血条件好、脂肪分解便利的部位，而非仅动员某一运动部位。要想减少局部脂肪，必须在进行全身、持久的中、小强度有氧锻炼的基础上，再进行局部运动，方能获得良好效果。

（五）多吃主食会发胖，应少吃或不吃主食

主食是指我们平常说的“饭”，包括米饭、馒头、面条等，也就是前面所说的“糖”。有人以为主食是肥胖的元凶，因此，想通过不吃主食，达到减肥或保持体型的目的。诚然，过多的糖，尤其是精制糖（如单糖、双糖）的摄入，容易在体内转变成脂肪蓄积起来，但也是由于总能量摄入超出能量消耗所造成的。脂肪必须在消耗糖的基础上才能燃烧供能，即糖摄入不足时，脂肪也不能被彻底分解，糖摄入不足反而对减脂肪不利。因此，在采用饮食疗法减肥时，要控制食物的总摄入量，尤其要减少一些高脂肪食物，而不可过分限制主食的摄入。

（六）禁食是减肥的捷径

如果大幅度降低热量摄入，身体就会陷入一种饥饿状态，从而使基础代谢消耗下降，基础代谢的能量消耗占成人一天总能量消耗的60%～70%，所以人的总能量消耗也会下降。因此，即使吃得少，也不能达到好的减肥效果。如果禁食超过3天，人就会出现烦躁、脱发，肾脏负担加重，还会增加患胆石症和胆囊炎的危险也会增加。

（七）停止有规律的运动后，肌肉会转化为脂肪

肌肉并不能转化为脂肪，因为肌肉和脂肪是两个不同的组织，不能简单由一个转化为另一个。如果不经常锻炼肌肉，肌肉就会萎缩。所以，停止运动后，以前运动的肌肉会逐渐萎缩，而不是转化成脂肪。

（八）减体重太难

有数据表明，在指定时期内，绝大多数通过节食减体重的人都成功地降低了体重。

即对大多数人而言，减体重并不困难。然而，在 1~3 年内，有 75% ~ 90% 的节食减肥者的体重又反弹到原有水平。体重反弹不仅大大挫伤了他们的减肥士气，也危害了他们的健康（增加了心血管疾病、胆囊疾病的患病率）。单纯节食减肥虽然有效，但反弹明显，所以不宜采用。应选择反弹小的方法——运动疗法 + 饮食疗法。控制体重不仅包括减体重，更重要的是怎样长期保持体重。

[思考题]

①——什么是能量代谢？②——与运动能力下降有关的膳食因素有哪些？③——你知道运动与糖类的关系吗？④——你知道运动与脂肪的关系吗？⑤——你知道运动与水的关系吗？⑥——健身人群平衡膳食的具体要求有哪些？⑦——你能说出几个常见的减肥误区吗？

第十章　体育健身方案的制订与实施

本章导读——“生命在于运动，运动要讲科学”。在体育健身过程中，社会体育指导员要了解体育健身的基本原理和方法，学会制订体育健身方案，并帮助和指导健身群众实施体育健身方案。社会体育指导员在制订体育健身方案的过程中，要根据健身群众的实际情况，有针对性地选择健身手段与方法，要做到有效地掌握体育健身的基本规律，进而达到促进健身群众身心健康的目的。本章结合具体事例重点介绍制订体育健身方案的原则、要点及实施过程，重点阐述了制订体育健身方案的程序。

第一节　体育健身方案的制订

制订体育健身方案的目的是保证体育健身更具科学性，避免由于运动不当带来的一些不良后果，最终达到强身健体、调节心理和预防疾病的目的。

一、制订体育健身方案的基本要点

（一）体育健身方案的内涵

体育健身方案是体育健身者进行体育健身活动时的实施计划，是社会体育指导员或体育健身者在一定的目的驱动下，以体育健身的原理、方法为指导，制订的科学实用的、可适用于性质相同人群的健身计划。一般来说，长期坚持体育健身的人会有自己的体育健身方案。依据不同的健身对象、不同的健身目的与追求，以及不同的健身条件，可以制订不同的体育健身方案。但体育健身方案不同于“运动处方”，它虽具有明显的个性化特征，但也具有一定的群体性特征。例如，同一性别、年龄相近的健身群众可采用同一健身方案；同一疾病的患者也可制订和实施同一健身方案。

（二）体育健身方案的类型

根据体育健身爱好者参与健身的目的，可以把体育健身方案分为以下几种类型：

1. 体育健体方案

选择这类方案的人群一般以中青年体育健身爱好者居多。该方案要解决的问题是促进健身者体质的增强和身体素质的提高。

2. 体育健美方案

该类方案的主要作用是塑身，其使用对象以青年人和中年女性为主。

3. 体育娱乐方案

体育娱乐方案的项目具有较强的娱乐性，多以集体性项目为主，人们更多的是享受体育的过程。

4. 体育医疗方案

选择此方案的大多是身体处于疾病状态，需要选择体育健身作为辅助治疗手段的人群，如通过体育健身治疗糖尿病、心脑血管疾病、颈椎病、腰椎病、骨质疏松症等。这类方案的内容与方法的确定具有较强的针对性，而且科学性要求更高，有时要结合医疗手段进行。

5. 体育旅游方案

体育旅游方案是一种以体育为主题的旅游方案。选择此方案的群体以青年人居多，一些高危的体育项目也将成为此类方案的内容。

另外，也可依据其他标准对体育健身方案进行分类，如根据人群的特点可分为老年体育健身方案、中年体育健身方案、青年体育健身方案、女性体育健身方案和残疾人体育健身方案等。

（三）体育健身方案的构成要素

一份科学的、定量化的运动健身方案应包括以下主要内容：

1. 健身目的

健身目的是指根据个体不同的身体情况来确定的运动目标。它具有主观和客观的双重性。一般情况下，健身方案应具有促进生长发育、娱乐身心、保持身体健康、防治疾病、延缓衰老、增强体质和保健康复等功效。

2. 运动类型

运动类型主要体现的是活动的项目、内容与方式，在制订运动方案的过程中要根据健身目的、性别、年龄和客观条件等来选择适当的运动类型，只有这样才能达到预想的健身效果。

3. 运动强度

运动强度在健身方案中是决定运动负荷大小的主要因素。健身时，应设定负荷强度的安全界限和有效界限等。目前研究认为，确定合理运动强度的最好方法是将心率和主观运动强度相结合，即先按照适宜的心率范围运动，然后在运动过程中再结合主观运动强度评价表来掌握负荷强度。

计算运动强度的方法主要有以下几种：

（1）年龄减算法：运动适宜心率 = 180 或 170 − 年龄

（2）采用心率百分比：是指使心率达到本人最高心率 70% ~ 85% 的强度作为标准进行健身的方法。计算方式为“（每分钟最高心率 − 年龄）× 70% ~ 85%”。例如一位 20 岁男子，最高心率为 220 次 / 分钟，其健身时的心率应控制在 140 ~ 170 次 / 分钟 [即（220−20）× 70% ~ 85%], 这是有氧健身的适宜负荷量。

（3）库珀提出的适用于不同年龄结构健身时的最佳心率 ：健身时的最佳心率 =（最大心率 − 安静时的心率）× 70% + 安静时的心率。

4. 运动时间

运动时间是每次运动持续的时间，是组成运动负荷的重要因素。如果运动时间过短，对机体刺激强度不够，也就达不到应有的效果；如果运动时间过长，又可能对机体造成过度负荷，造成疲劳的积累而导致身体受损。所以应根据运动目的和负荷强度来设定能够使机体产生最佳效果的运动时间。

5. 运动时间带

运动时间带是指一天中运动的时机。这主要是要根据人的生物节律周期及日节律来合理安排健身运动的。运动可以安排在早晨、下午或晚上，但一般不宜安排在睡前。尤其应注意的是空腹或饭后不宜立即进行体育运动。

6. 运动频率

运动频率是指每周运动的次数。体育健身方案中的运动频率也是一个要素，正确的运动频率应是没有疲劳的积累而且能够收到良好的健身效果。如果运动频率过小则运动的效果不能积累，也就达不到健身的目的；如果运动频率过大则会造成疲劳积累，长期坚持下去就会使机体疲劳过度。正确的运动频率是每周 3 ~ 5 次。

二、制订体育健身方案的原则与模式

（一）制订体育健身方案的原则

在制订体育健身方案时应遵循以下基本原则：

1. 实事求是原则

制订体育健身方案时，应根据个人的具体情况来确定，以体力作为制订健身方案的依据，有针对性地确定方案的内容，合理安排运动强度和运动量。由于每个健身群众的基本情况和身体条件不尽相同，在实际操作过程中应根据每个人的具体情况对既定的健身方案做出适当调整。

2. 循序渐进原则

制订体育健身方案时，应根据不同人的情况，采用长期目标和短期目标相结合的方式，使机体逐步得到适应，以保证在安全有效的范围内进行体育健身。

3. 安全有效原则

制订体育健身方案时，必须保证健身的安全和有效。首先要了解健身者的病史、运动经历，同时还应让健身者做相应的医学检查，以保证他们可以在一个安全的运动范围内从事健身活动。同时，通过制订和实施健身方案，还应该使参加健身者的各项身体机能得到一定程度的改善，以体现方案的有效性。

4. 可行性原则

在制订体育健身方案时，运动项目的选择要根据健身者的环境条件、兴趣爱好等因素而定。如果所选的项目是健身者不感兴趣或居住环境不可以实施的，就达不到预期的效果。

（二）体育健身方案的种类

体育健身方案的选择主要取决于健身者对健身的喜好程度、自身的身体健康水平以及自身所处的健身环境。体育健身方案大致有以下几种：

1. 自由健身方案

这种方案的主要特点是健身自由度较大，健身方案中的内容简单。健身内容主要是不受场地限制和便于开展的一些健身项目，健身时间随意性较大，健身场地可随意调整。

2. 系统健身方案

系统健身指健身方案的内容翔实、具体，如健身场地、运动时间以及运动强度等都有详细安排。这种健身方案的特点是健身全面、系统，健身效果比较明显。

3. 时尚健身方案

这种方案主要是针对运动项目而言。时尚健身主要是选取时下流行的一些运动项目作为健身内容，如体育素质拓展项目、街舞、滑板、轮滑、跆拳道、攀岩、蹦极等，很受一些健身群体的欢迎。

4. 传统健身方案

传统的健身方案主要是指在早晨或者傍晚开展的一些常见的健身项目，如跑步、散步、骑自行车、羽毛球、篮球、足球、乒乓球等运动项目。这些项目具有广泛的群众基础，便于开展。

三、设计体育健身方案的步骤与方法

（一）设计体育健身方案的步骤

第一步，明确构建健身方案的目标。只有目标明确了，健身方案的构建才更具针对性。通常，构建体育健身方案的主要目的是促进身心健康。中青年女性多以减肥、塑造体型、保持身材为主要目标，而男性多以强壮体魄、健美体型为主要目标，老年群体则更注重延年益寿。此外，还有相当一部分大学生以愉悦身心、陶冶情操为主要目标。在健身方案的构建过程中，只有目标明确了，才会使健身者围绕目标去选择符合自己的健身内容与方法。

第二步，选取健身内容。这个环节主要是针对健身爱好者如何有效地选取适合自己的健身项目。一般而言，健身项目的选择要以自己的兴趣和爱好为根本出发点，根据自己的健身条件选择适合自己的并且易于开展的健身项目，健身项目的技能应是已经掌握的，在选择健身内容时，要综合考虑自己的健身目标、健身条件以及健身兴趣等。

第三步，设定健身的运动负荷。在设定健身的量和强度时，要考虑自身的身体健康状况和遵循科学健身的原则，合理地处理好量和强度的关系。运动负荷的安排要从小到大、循序渐进，以便让自己的身体逐步恢复和适应。

第四步，制订出中长期健身方案，在已有方案的基础上写出当前月、周、日的健身计划。方案和计划书完成后，可听取有关专家的意见，进行修订。

第五步，修改与完善健身方案。一个成功的健身方案并不是一次就能够完全制订好的，而是需要在实践中不断修改与完善。健身方案实施一段时间后，健身者的身体状况可能会发生变化，此时，方案就需要做出调整。在实践过程中，有可能会发现在健身路线、内容、地点、时间的选择上有一定的问题，在运动强度和量方面也有可能出现不适应状况，这些都需要对健身方案进行修改和完善，力求达到最好的健身效果。

（二）设计体育健身方案的方法

1. 时间的安排

（1）周健身次数：对于初练者而言，以每周健身 3 次为宜，隔天（或 48 小时）健身一次，健身时间最好安排在每个健身日的同一时间，不要随意增减训练次数或调整健身间隔。

（2）每次耗时：每次健身耗时为 30 ~ 60 分钟。第一个月从 30 ~ 45 分钟开始，第二个月逐渐增至 45 ~ 60 分钟。耗时长短主要由负荷量增减及健身内容特点决定，但要注意提高健身的效果。

2. 健身活动的结构

体育健身活动通常由准备部分、基本部分和结束部分组成。

（1）准备部分：开始健身前，应做 5~ 10 分钟的热身活动，对健身目标肌群进行预拉伸和收缩。拉伸应采用静力形式，不要弹动。冬季时，应适当延长热身活动的时间，活动强度以出微汗为宜。准备活动后即可进行健身，也可休息 1～2 分钟，但千万不可在准备活动后休息时间过长，以免失去准备活动的作用。

（2）基本部分：按照计划按部就班地进行健身活动。基本部分是体育健身方案的核心部分，包含了健身活动的内容、方法、时间及负荷等。

（3）结束部分：在完成基本部分内容之后，应做一些慢跑放松活动、肌肉静态抻拉和缓慢揉摩活动。对于练习时承担运动负荷较大的身体部位，应多做整理活动。整理活动的时间应以机体恢复平静为准，一般为 3～5 分钟。

3. 生活制度的调整

在实施健身方案的过程中，健身者对自己的生活方式要做相应的调整，如睡眠、饮食、衣着、用药等都是需要在制订健身方案时考虑的。

4. 注意运动禁忌证

若有以下疾病或情况，在制订健身方案时一定要格外注意，甚至需要征求医生的意见。

（1）急、慢性或陈旧性心血管系统疾病，包括心电图异常者。

（2）血栓性疾病，如血栓闭塞性脉管炎、深静脉血栓、脑血栓等。

（3）肺栓塞。

（4）急性炎症或传染病。

（5）严重贫血。

（6）出血性疾病，如各种类型的白血病或消化道和呼吸道出血等。

（7）运动系统疾病，如骨骼肌萎缩或类风湿病造成的运动困难等。

（8）严重肢体残疾，以及影响正常生活和运动的病症，如视觉障碍、智力障碍等。

（9）患恶性肿瘤两年之内，原发性癌或伴随转移者未能有效控制的代谢性疾病，如甲状腺功能异常、糖尿病等；重要器官功能障碍或全身功能失调，如心肺功能障碍、肾功能障碍、慢性肾炎、严重肝病等。

第二节　体育健身方案的实施

体育健身方案的实施是按照体育健身方案的内容和方法进行体育健身的过程。体育健身贵在坚持，但在实施过程中应注意进行阶段性的身体机能测试，这样才能根据健身的实际情况对健身方案做出及时的调整，以确保健身的安全与效果。

一、体育健身方案实施过程的组织

体育健身方案具有一定的稳定性，需要健身爱好者经过一段时间的实践才能达成满意的效果。但目标的达成是由每一次的健身活动组成的，因此，要从细节入手，把握每一次健身活动的质量，进而有效地完成整体体育健身方案的实施。

一次健身方案的实施是和体育健身方案的结构相互关联的。也就是说，一次健身方案的实施过程包括三个阶段：准备阶段、健身阶段、恢复阶段。

（一）准备阶段

准备阶段的任务是做好热身活动，使机体由相对安静的状态过渡到适宜的运动状态。准备阶段的时间为 5 ~ 10 分钟，也可根据年龄、季节、运动水平等情况适当调整。准备活动的内容一般是运动量较小的项目，如慢跑、快走或伸展性练习等，也可根据健身的要求专门安排。

（二）实施阶段

实施阶段是体育健身方案实施的关键，其任务是通过实施健身方案的运动项目达到健身的目的。例如，耐力项目运动要达到靶心率（靶心率是指能获得最佳效果并能确保安全的运动心率，也称运动适宜心率，可用来调节运动负荷），并要求运动时间至少维持 15 分钟；肌力训练要求达到一定的活动范围，其练习强度为最大能力的 80% 左右，采用长时间、低负荷和高重复次数的练习可以使肌肉耐力获得良好的发展；减肥健身方案的目的是减去身体多余的脂肪，运动强度应为中、小强度，RPE 值为 9

~ 11（RPE 值是指自我运动强度，即把自己的感觉进行量化，来推算运动中的即时心率，从而推断运动强度。RPE 值乘以 10, 即可得到当时大概的运动心率），其代谢类型是脂肪的有氧氧化，运动时间为每天 30 ~ 60 分钟；心理健康健身方案也应该注意强度和时间的关系，大多数研究认为，中、小强度的体育运动能获得较大的心理效应，适中的运动能够改善焦虑、忧郁、紧张和疲劳等情绪状态。

以下是自我感觉程度和 RPE 值的对应关系：

（1）RPE 值为 6 ~ 7：自我感觉非常快乐，此时的运动心率为 60 ~ 70 次 / 分钟。

（2）RPE 值为 8 ~ 10：自我感觉很快乐，此时的运动心率为 80 ~100 次 / 分钟。

（3）RPE 值为 11~ 13：自我感觉比较快乐，此时的运动心率为 110~130 次 / 分钟。

（4）RPE 值为 14 ~15：自我感觉稍有点累，此时的运动心率为 140~150 次 / 分钟。

（5）RPE 值为 l6 ~ 17：自我感觉累，此时的运动心率为 160 ~ 170 次 / 分钟。

（6）RPE 值在 18 以上甚至达到 20：此时的自我感觉已是相当累或非常累，运动心率高达每分钟 180 次以上。

下列公式可以帮助健身者计算靶心率：

靶心率 = 最大心率 ×（60% ~ 85%）

其下限为体育健身的有效界限，上限为安全界限（成年人靶心率的上限为最大心率的 80%)。靶心率为人们提供了运动时安全有效的心率范围。

（三）恢复阶段

恢复阶段是在健身阶段任务完成后，进行一些较轻松、强度低的活动，以使身体由剧烈的运动状态逐渐恢复到相对安静状态。恢复阶段的时间为 3 ~ 5 分钟，活动内容可与准备活动相似，但安排的顺序要颠倒，动作应缓和，以使肌肉充分放松，同时配合深呼吸，以利于疲劳的消除。

二、体育健身方案实施过程中的自我监控

在体育健身方案的实施过程中，及时、准确地记录运动中和运动后身体的反应是十分重要的。通过多项指标的分析，可以客观地评价自身的身体状态、疲劳程度和机

体恢复情况，以便监控和调节运动量，这对预防过度健身和运动损伤有积极作用。因此，自我监控是体育健身方案实施过程中的一个重要环节。

（一）自我监控的目的和意义

自我监控又称自我监督或自我检查，是指体育健身爱好者在健身过程中，对自己的健康状态和生理功能变化做连续观察并定期记录的一种医务监督方法。在健身过程中进行自我监控对于增进信心、坚持科学健身、防止运动过量或不足、预防运动损伤、提高健身效果和养成运动卫生习惯都有重要的意义。

（二）自我监控的内容和方法

自我监控的内容包括主观感觉和客观检查，健身者可依据自我监控的内容进行观察和实施。

1. 主观感觉

经常参加体育健身的人，如果运动量安排适当，一般自我感觉良好，精力充沛，心情愉快，参加运动的积极性高；如果运动量安排过大，就会感到疲乏无力，精神萎靡不振，对运动不感兴趣或厌烦，甚至出现头晕、心慌、气短等不良感觉。

（1）运动心情。正常情况下主要表现为精神饱满、精力充沛和自信心强；异常情况下一般表现为情绪低落、精神不佳、厌烦运动，甚至怕练。

（2）身体感觉。正常时自我感觉良好，身体无不适感觉。如果出现运动疲劳，会有头昏、恶心、呕吐、全身无力、肌肉酸痛等不良反应，则表明有异常。

（3）睡眠。适度的体育健身可以使人很快入睡，且睡得熟、深而少梦，早上起床后，会感到头脑清醒、精神振奋、浑身有力。如果入睡慢、容易做梦、易醒、白天无力或打瞌睡、注意力不集中、容易疲劳等，表明睡眠失常，要适当调整运动量。

（4）饮食。适度的体育健身能够提高机体的代谢能力，加上能量的消耗，食欲会变得好起来，想进食而且食量大。如果运动后不想进食或食量减少，表明运动量安排不当或身体健康状况不佳，要适当调整运动量。

健身者的主观感觉可以概括为以下几方面：

（1）运动负荷适宜的主要表现：一般是健身后全身微微出汗，肌肉稍微酸痛，有疲劳感，但感到舒适愉快、情绪高涨；运动后食欲和睡眠良好，次日精力充沛，疲劳感消除，有继续健身的欲望。

（2）运动负荷过大的主要表现：健身后大汗淋淋、头晕眼花、气喘胸闷，感觉很疲劳，脉搏在运动后 20 分钟内还未恢复；食欲减退，睡眠不佳，次日周身无力，肌肉酸软，无健身欲望。

（3）运动负荷不足的主要表现：运动后身体无发热感，没有出汗，脉搏没有明显增加，而且在两分钟内即恢复正常。

2. 客观检查

本章主要推荐以下几种简单、易行的客观指标的监控方法。

（1）排汗量。正常情况下，出汗量与平时没有明显差别，尿量也无明显变化；如果轻微活动就会大量出汗，则表明疲劳或某些功能不良，特别是有虚汗和夜间盗汗现象时，表明身体极度疲劳或有其他疾病。

（2）基础心率。清晨起床时的心率即为基础心率，可用来评定健身水平和了解身体机能状况。在健身期间，如果基础心率稳定或逐渐略微下降，说明身体机能状态良好，运动量适宜；在运动量加大时的机体适应阶段，基础心率会略有增加，但一般不超过 6 次 / 分钟，若基础心率波动幅度大（超过 12 次 / 分钟）而又持续不下降，则说明身体反应不良，运动负荷过大。

（3）运动中的心率。运动中的心率与负荷强度有关。通常用健身后即刻 10 秒脉搏数乘以 6 作为运动时每分钟的心率。按照健身适应理论，随着健身水平的提高，完成相同负荷时，心率应该逐步下降。如果在某一时期内，完成相同强度的负荷，运动中的心率增加，则表明身体状态不佳或机能下降，应查明原因。

（4）运动后的心率。人在运动后经过一段时间的休息，心率可恢复到运动前的状态。如果身体疲劳或负荷强度过大，运动后的心率恢复时间会延长。身体机能状况越好，运动后的心率恢复速度越快。运动量和运动强度越大，心率恢复时间越长。

（5）血压。血压作为机能评价的重要指标，其变化与运动强度和运动性质有关。大强度健身后，收缩压上升及舒张压下降明显，且恢复较快，表明身体机能良好；但如果收缩压明显上升，舒张压亦上升或血压反应与运动强度刺激不一致，且恢复时间延长等，则表明身体机能状况不佳；运动时，脉压增加的程度比平时有所下降或出现梯形反应，或无休止音，运动过程中收缩压突然下降达 2.67 千帕（20 毫米汞柱）时，表明身体机能不良。

在日常运动中，如果连续数周出现安静时的舒张压增加超过自己的日常水平 1.33 千帕（10 毫米汞柱），安静时的脉压减少超过自己的日常水平 2.67 千帕（20 毫米汞柱），安静时的心率增加超过自己的日常水平 6 次 / 分钟，则提示健身者的身体机能状况不佳，应及时调整运动强度，以免导致过度疲劳。

（6）体重。参加体育健身后的体重一般要经历以下三个阶段的变化：刚参加健身的人，在最初的几周内，因身体里的水分和脂肪大量消耗，体重会下降；经过一段时间的健身后，体重才比较稳定；长期坚持体育健身，肌肉发达，体重会有所增加，并保持在一定的水平上。如果在健身期间发现体重明显下降，则是运动量安排不当或健身过度。

总之，在健身方案实施的过程中应采用多项指标综合分析与主观指标和客观指标相结合的方式进行自我监控，以保证健身的效果和安全。

[思考题]

①——体育健身方案由哪些要素构成？②——体育健身方案有哪些特点？③——制订体育健身方案应坚持哪些原则？④——体育健身过程中的自我监控有哪些方式？

第十一章　青少年体育健身活动指导

本章导读——　青少年阶段是人类生长发育过程的重要时期，一般可分作儿童期、少年期和青年前期，儿童期一般指 7 ~12 岁年龄段，即小学生阶段；少年期一般指 12 ~ 15 岁年龄段，即初中生阶段；青年前期一般指 15 ~ 18 岁年龄段，即高中生阶段。这几个阶段是人类形成终身体育习惯的关键时期。

本章通过分析儿童青少年的身心发展特征，阐述体育健身指导方法，以增强青少年的体质，提高青少年健康水平。

第一节　儿童体育健身指导

7 ~12 岁儿童正处于身体素质发展的敏感期，随着儿童的生长发育，其身体特点也会发生一定的改变。如果能够及时把握儿童身体形态和功能急速增长的黄金时期，并采用科学的锻炼方法，合理安排运动量和运动强度，可以促进儿童身体形态与功能的发育，增强体质，提高健康水平。

一、儿童在不同环境中的体育健身及意义

（一）学校中的体育健身

在我国，体育课从小学到大学都被作为必修课列入教育计划，是学校课程体系的重要组成部分，是实施素质教育和培养德智体全面发展人才的重要途径。学校里有专门的体育教师以及体育场地和器材，采用各种活动和身体练习，通过每周的 3 次体育课和丰富多彩的课外体育活动来完成学校体育任务。尤其是 2006 年 12 月教育部、国家体育总局和共青团中央联合下发《关于开展全国亿万学生阳光体育运动的决定》后，

学校基本上能够保证每天使学生有一个小时的体育活动时间。这些对学生的生长发育和身体各项运动能力及心理发育水平的提高有重要意义。

（二）生活中的体育健身

生活中的体育健身泛指在学校以外进行的各种体育活动，包括家庭体育、社区体育、少年宫活动、儿童在校外自发进行的体育游戏或体育活动，以及假日登山、旅游、远足等。

由此可见，儿童体育主要由两种不同环境条件下的体育构成，即一种是生活中的体育健身，一种是学校教育中的体育。二者的关系是，生活中所进行的体育是学校体育的结果或延伸，学校体育包含着生活中的体育。事实上，儿童在日常生活中进行的健身活动很多，从组织形式、锻炼内容以及儿童在活动中的地位和作用都有别于学校体育，这就意味着学校体育与儿童期的孩子们在日常生活中独立进行的体育活动的实质是不同的。

对儿童来说，日常生活中的体育活动不仅是学校体育的继续，而且是儿童期全面发展不可缺少的部分。日常生活中的体育活动多是儿童自发组织进行的，其突出特点是兴趣高、自觉性强，这对儿童养成良好的体育健身习惯和体育个性，以及促进儿童身体的生长发育与运动能力的提高有重要作用。重视儿童日常生活中的体育是科学有效地指导儿童进行体育活动的需要，也是全面完成儿童期体育任务和更好地促进儿童身心发展的需要。

二、儿童体育健身的内容及指导要点

（一）儿童体育健身的内容

儿童体育健身的主要内容是以发展小学生的走、跑、跳跃、攀登、爬越、平衡等基本活动能力为主的运动项目，同时还包括体操，舞蹈，球类游戏，活动性游戏（如儿童因地制宜创造的一些游戏），野外活动（如旅游、登山、游泳、滑冰等），民族传统体育活动以及具有地方特色的体育活动等。

（二）儿童体育健身的指导要点

1. 在活动内容上进行指导

指导要点包括充分利用儿童关节活动范围大的特点，多进行柔韧性练习，同时应重视发展关节的稳定性，以防关节损伤；适当的健身可以促进骨的生长，使身体长高，但运动负荷不可过大，而且要进行对称性练习，以免造成脊柱弯曲或身体畸形；要有计划地发展小肌肉群的力量，促进肌肉的平衡发展；在生长加速期，应多采用纵跳和支撑自重的力量练习；少进行或不进行大负荷力量练习，以防损坏骨骼或使骨骼提早钙化，影响正常的生长发育；在健身时应以有氧练习为主，不要进行大强度运动，以防止心脏负担过重；健身时应尽量减少憋气，以免心脏负担过重。

2. 安排好寒暑假的儿童体育活动

小学生课业负担不大，学习压力小，寒暑假时间较长，儿童余暇时间较多。这正是儿童参加体育活动的大好时机。但在实际生活中，这却是一个盲区。由于学校体育中断，许多儿童在假期很少进行体育活动，开学时各项身体素质及运动能力停滞或下降。因此，在儿童的寒暑假生活中，体育活动是必不可少的内容，并应有计划和要求，这一点必须引起体育教师和家长的高度重视。

3. 对儿童体育活动计划的指导

（1）按照体育课的教学内容，在进行课外体育活动时练习有关内容。

（2）为全面提高儿童的各种身体素质，课上和课外都要适当安排一些辅助练习。

（3）在校外体育活动中，注意充分发挥儿童的自觉性和主动性，指导者要善于引导，不应时时刻刻严厉管束。

（4）充实生活中的体育内容，结合生活实践需要，组织孩子进行体育锻炼，使社会和家庭形成一个良好的体育环境。

（5）要教育和鼓励孩子坚持不懈，持之以恒；要诱导孩子坚持锻炼，使他们的机体能稳定地接受刺激并产生良好的效果。

（6）在体育锻炼的周期中，也要保证合理的营养及生活制度。运动健身会增加能量与营养的消耗，若忽视物质营养基础，将会导致体重减轻、营养不良等异常情况的发生。

（7）锻炼前要有准备活动，锻炼后要有整理活动，这样有利于提高心血管系统和神经系统的适应性。

（8）锻炼时要注意安全，家长及老师要仔细观察孩子对锻炼有无不良反应，如有无面色苍白、口唇青紫等，一旦发现异常，应及时采取措施；孩子在锻炼时易发生损伤，往往是由于使用的场地和器材不符合要求所致，应引起重视。

三、儿童不宜参加的体育健身活动

过早地让儿童从事某些体育健身活动或让儿童长时间过量运动，极易出现注意力不集中、失眠、健忘甚至缺氧等现象，因此有一些体育运动不仅不利于孩子身体发育，反而容易造成伤害。儿童不宜参加的体育健身活动主要有以下几种：

（一）拔河

拔河可能会让孩子“伤心”“伤筋”。从生理学角度讲，儿童的心脏正在发育中，植物神经对心脏的调节功能尚不完善，当肢体负荷量增加时，主要是依靠提高心率来增加供血量。拔河需要屏气用力，有时一次憋气长达十几秒钟，当从憋气突然变成开口呼气时，静脉血流也会突然涌向心房，损伤儿童柔薄的心房壁。医学工作者曾对250名5～6岁的儿童在拔河比赛中进行生理检查，发现心率均高于正常水平，赛后1小时有30%的儿童心率未能恢复正常。

除了对心脏造成影响外，拔河还可能伤到儿童的“筋骨”。儿童的肌肉主要为纵向生长，固定关节的力量很弱，骨骼的弹性大而硬度小，拔河时极易引起关节脱臼和软组织损伤，抑制骨骼的生长，严重的还会引起肢体变形，影响儿童体形健美。另外，拔河是一项对抗性较强的运动，儿童的好胜心和集体荣誉感强，比赛中往往难以控制和保护自己，极易发生损伤。

（二）力量性锻炼

儿童生长发育时都是先长身高，后长体重，而且他们的肌肉力量弱，极易疲劳。也就是说，儿童的身体发育以骨骼生长为主，还没有进入肌肉生长的高峰期。如果这个时候让孩子过早进行肌肉负重的力量锻炼，不但会让孩子局部肌肉过分强壮，影响身体各部分匀称发育，还会使肌肉过早受刺激变发达，给心脏等器官造成较重的负担。另外，还可能使局部肌肉僵硬，失去正常弹性。所以，父母尽量不要让孩子从事大人常练的引体向上、俯卧撑、仰卧起坐等力量练习。如果要练习肌肉力量，从初中开始比较合适。

（三）长跑和负重跑

长跑属于典型的撞击运动，对人体各关节的冲击力度较大。儿童经常进行长跑锻炼对关节处的骨骺发育不利。尤其是在坚硬的马路上进行长跑时，对关节的冲击力更大，骨骺容易出现炎症，从而影响儿童长高。长跑也是一项心脏负荷运动，儿童过早进行长跑锻炼，会使心肌壁厚度增加，限制心腔扩张，影响心肺功能。另外，处于儿童时期的孩子体内水分占的比重相对较大，蛋白质及无机物的含量少，肌肉力量薄弱，若参加能量消耗大的长跑运动，容易使营养入不敷出，妨碍正常的生长发育。

（四）掰手腕

儿童四肢各关节的关节囊比较松弛，坚固性较差，掰手腕容易发生扭伤。此外，如同拔河一样，屏气是掰手腕时的必然现象，这样会使胸腔内压力急剧上升，静脉血向心脏回流受阻，而后，静脉内滞留的大量血液会猛烈地冲入心房，对心壁产生过强的刺激。如果长时间用同一手臂掰手腕，还可能造成两侧肢体发育不均衡。

（五）极限运动

儿童处于生长发育期，器官各方面还没有成熟，自然很难承受极具“挑战性”的极限运动，而且很容易造成损伤。例如，超过儿童身体承受能力几倍的大运动量，就有可能导致儿童肌肉因长期处于极度疲劳状态，造成肌肉疲劳损伤，容易留下运动损伤后遗症。另外，正处于生长发育阶段的孩子，关节中的软骨还没有完全长成，长时间过度磨损膝盖软骨，日后容易形成关节炎。研究表明，儿童时期的膝盖损伤会使成年后患关节炎的可能性增加 3～4 倍。

（六）兔子跳

在做“兔子跳”运动时，下肢所承受的重量约相当于自身体重的 3 倍，每跳一次，膝盖骨所承受的冲击力相当于自身体重的三分之一，这对骨化过程尚未完成的儿童来讲，很容易造成韧带和膝关节半月板损伤。

针对儿童的身体发育特点，可以让他们进行跳绳、弹跳、跳皮筋、拍小皮球、踢小足球、打小篮球、游泳等体育运动。这些项目既有助于儿童的生长发育，又不会伤害身体。另外，对于尚未发育成熟的儿童，每次运动时间最好不要超过一个小时，间隔十几分钟，休息一会儿后再运动。一天的运动量不能过大，以运动后孩子不感到疲劳为宜。

第二节　青少年身心发展的特征

青少年期是童年向成年过渡的关键时期，在这一时期，青少年在生理和心理上都产生了巨大的变化，而青春期是个体身体发展的鼎盛时期及性成熟时期。生理上的成熟使青少年在心理上产生独立感，他们渴望获得自主权利和社会的认可。然而，由于他们身心发展不平衡，有许多期望不能实现，容易产生挫折感和孤独感，并出现一些心理及行为问题，应引起关注。

一、身体发育的特点

青少年身体变化的最大特点是生理上蓬勃成长和急剧变化。个体从出生到成熟，要经历人生的两次高峰，主要在身体外形、内脏机能和性成熟等方面发生三大变化，这“三大变化”具有可塑性。

（一）身高的增长

青春期的青少年外形变化最明显的特征就是身高迅速增长。人身高的增长有两个高峰，第一个高峰发生在 1 岁左右，身高一般会增加 50% 以上；第二次生长高峰就出现在青春期，在这个阶段，青少年身高增长异常迅速。据统计，在青春发育期之前，儿童平均每年长高 3 ~ 5 厘米，而在青春发育期，每年要长高 6 ~ 8 厘米，甚至可达到

10～11 厘米。

青春期男孩和女孩的身高变化是有差异的。男孩进入身高增长加速期的平均年龄是 13 岁左右，14 岁左右达到生长高峰，然后生长速度逐渐下降，到 15.5 岁时又退回到以前的生长速度。女孩的这一过程要先于男孩，大多数女孩从 9 岁左右开始进入身高增长加速期，12 岁左右达到高峰。青少年身高增长的速度和时间是有个体差异的，这种差异不仅存在于男女之间，在城乡之间、地区之间，甚至在同一班级中的同龄人之间也存在。例如，有些男孩的青春发育期开始于 10.5 岁，有些则迟至 16 岁；有些女孩的青春发育期开始于 7.5 岁，有些则在 11.5 岁才开始。这种差异属正常范围。从我国城乡男女青少年身高增长曲线可以看出，城乡两地男孩的身高增长有显著差异，12 岁前，城市男孩的身高增长速度出现起伏变化，农村男孩的身高增长则缓慢上升；而女孩的身高增长不存在城乡差异，增长的趋势基本一致。

（二）体重的增长

体重的增长反映出青少年身体内脏器官的增大、肌肉的发达以及骨骼的增长和变粗，也反映出营养及健康情况等。处于青春发育期的青少年在体重上也有较大的变化，所以体重的增长是身体发育的一个重要标志。从我国城乡男女青少年体重增长曲线可以看出，男孩的体重在 12 ~14 岁时增加最快，平均每年增长 5.0 千克，13 岁是增长高峰，15 岁以后增长速度迅速下降；女孩的体重在 11 ~13 岁时增长最快，平均每年增长 4.5 千克，11~ 12 岁是增长高峰，13 岁后增长速度迅速下降。城乡差异不显著，增长趋势具有一定的一致性。通常情况下，男孩的标准体重是"身高 −110"、女孩的标准体重是"身高 − 100"，只要不超过标准体重的 20%, 就是正常体重。

（三）第二性征的出现

第二性征是性发育的外部表现，是青少年身体外形变化的重要标志。随着第二性征的出现，青少年开始从童年的中性状态进入到两性分化状态，生殖系统的发育变化非常快，一下子把其他各器官远远地抛在后面。在男性身上，第二性征发育生要表现在体表所发生的变化，在 11 ~12 岁，在外阴部长出短而细的阴毛，颈部喉结开始突出，说话声音低沉、变大、变粗，12 岁左右开始变声，1~ 2 年后，开始长出汗毛、腋毛和阴毛，唇部出现胡须等。

在女性身上，第二性征则表现为嗓音细润、乳房隆起、臀部突出和骨盆变得宽大，脂肪也开始分布到臀、胸、肩等部位。另外，皮肤变得细腻、光滑、柔软，体态丰满，显示了女性的阴柔之美和婀娜多姿，出现了腋毛和阴毛等。女性性成熟的标志是每月规律性的排卵，即月经有规律地来潮。这些第二性征的出现使得男女青少年在外形上的差异日益明显。

二、心理发育的特点

人的生理发育与心理发育是密切联系的。青少年时期作为个体发展的过渡时期，其生理、认知和社会性方面均发生了巨大的变化，特别是青少年的生理发育十分迅速，在 2~3 年内就能完成身体各方面的生长发育任务并达到成熟水平，但其心理发育的速度则相对缓慢，心理发育水平尚处于从幼稚向成熟发展的过渡时期。这使得青少年的身心处于一种非平衡状态，容易引起各种心理发展上的矛盾。

（一）生理变化对心理活动的冲击

随着青春期的到来，青少年在生理上出现了急剧变化，这必然会给他们的心理活动带来巨大影响。这种影响主要来自两个方面。

首先，青少年身体外形的变化使他们产生了成人感，因此，他们也希望在心理上能尽快进入成人世界，并尽快摆脱童年时的一切，寻找到一种全新的行为准则，扮演一个全新的社会角色，获得一种全新的社会评价，重新体会人生的意义。就在这些新的追求中，他们感到种种困惑。

其次，由于性的成熟，青少年对异性产生了好奇和兴趣，萌发了与性相关的一些新的情绪体验，滋生了对性的渴望，但又不能公开表现这种愿望和情绪，所以，体会到一种强烈的冲击和压抑。

（二）心理上的成人感与半成熟现状之间的矛盾

身体的急速成长和性机能的快速成熟使青少年从心理上产生自己已经发育成熟的体验，认为自己已经是成人，具有了成人感，要求得到与成人一样的待遇、信任和尊重。由于心理发育速度相对缓慢，青少年的心理水平尚处于从童年的幼稚向成熟发展的过渡阶段，其认知能力、思维方式、社会经验等都处于半成熟状态，于是就出现了自己认为的心理发育水平与现实的心理发育水平之间的矛盾，即成人感与半成熟状态的矛盾。

进入青年初期后，青少年的生理发展趋于平缓，其思维和社会性逐渐发展并成熟，青少年的心理发育虽然还具有一定的动荡性和矛盾性，但不再显著。他们的独立性逐渐增强，获得了成人感；个性逐渐定型，形成了良好的自我意识、社会适应能力；价值观和道德观变得成熟，已做好了进入成人阶段的各种准备。

（三）心理断乳与精神信赖之间的矛盾

成人感使青少年的独立意识逐渐强烈起来，他们要求在精神生活方面摆脱成人，特别是父母的羁绊，而有自己独立自主的决定权。事实上，在面对许多复杂的矛盾和困惑时，他们依然希望在精神上得到成人的理解、支持和保护。

（四）心理闭锁性与开放性之间的矛盾

青春期的青少年出现的心理闭锁使他们往往将自己的内心世界封闭起来，不向外袒露，主要是不向成人袒露，这是因为成人感和独立意识所致。另外一个原因是这时的青少年认为成人不理解他们，而对成人产生不满和不信任，又在一定程度上增加了他们闭锁的程度。但与此同时，青少年的诸多苦恼又使他们倍感孤独和寂寞，很希望与他人交流和沟通，并得到他人的理解。这种开放胸怀的愿望促使他们很愿意向同龄朋友推心置腹。其实他们也希望向自己认为可信赖的成人朋友吐露心声。

（五）成就感与挫折感的交替

青春期的青少年通常想要表现出成人式的果敢和能干。例如，获得成功或良好成绩后，就会享受超越一般的优越与成就感，但如果遇到失利或失败，就会产生自暴自弃的挫折感。这两种情绪体验常常交替出现，一时激情满怀，一时低沉沮丧。

三、身体素质敏感期

进入青年初期后，个体逐渐达到性成熟，青少年的心、肺、脑和神经系统等也继续发育，这些生理发育过程在青年初期结束时基本完成。青春期是个体生长发育的第二个高峰期。

（一）心脏机能增强

青春期的青少年，其心血管系统会出现一些新的机能特点。首先，在形态上，为了保证青春期生长发育突增的需要，作为人体运输系统的心血管系统也出现了第二次生长加速。在 9 岁时，儿童的心脏重量为出生时的 6 倍，在青春期开始后，则增长至 12 ~14 倍。同样，心脏密度也在青春期时成倍地增长。而且，由于青春期的青少年活动量增加，构成心室壁的肌肉增厚，心肌纤维更富有弹力，这就为心脏每次收缩时能挤压出更多血液创造了条件。

其次，在机能方面主要表现为心律和脉搏开始减慢。这一方面是因为支配心脏活动的神经纤维已发育健全，能更有效地调节心脏活动；另一方面则是由于心脏本身机能的增强，使其每搏输出量增多，每分钟只需搏动 70 ~ 80 次便能满足机体的需求。由于心脏收缩力增强以及内分泌系统变化的影响，青春期的青少年血压会升高，其高压一般为 90~110 毫米汞柱，低压为 60 ~ 75 毫米汞柱，已接近成人水平。心血管系统的生长发育存在着一定的性别差异，女孩在心脏重量、大小、每搏输出量和血压等方面，均比男孩低 10% 左右，而心率和脉搏则比男孩快 8 ~10 次 / 分钟。

（二）肺的发育

在青春期，青少年肺的发育也明显加速。12 岁左右，肺的重量约为出生时的 10 倍，肺小叶结构逐渐完善，肺泡容量增大，与呼吸有关的某些肌肉发育加快，使呼吸功能进一步加强。在整个青春期，肺活量将比青春期前增加 1 倍多。男女肺活量存在显著差异。

（三）肌肉力量增强

青春期的青少年体重的增加表明肌肉和骨骼发生了变化。在肌肉力量的发展水平上，男女之间也存在着明显的差异。

（四）大脑的发育

在量的方面，青春期的青少年大脑的重量及容量的增长不显著，因为儿童在 10 岁以前，大脑的重量已为成人的 95%。但在质的方面，大脑的发育则有较大进展。研究表明，人的大脑发育在 4 ~20 岁存在两个加速期，第一个是 5 ~ 6 岁，第二个是 13

岁左右，即青春期。青少年的神经系统也基本上与成人没有差异，大脑皮质沟回组合完善，神经纤维完成髓鞘化。随着脑和神经系统的发育成熟，青少年的兴奋和抑制也逐渐趋于平衡。

（五）性的发育和成熟

生殖系统是人体各系统中发育成熟最晚的，它的成熟标志着人体发育的完成。

1. 性激素增多

在青春期以前，无论男女，都仅分泌少量的性激素。进入青春期后，个体下丘脑的促性腺激素释放因子的分泌量增加，从而使垂体前叶的促性腺激素分泌也增加，进而导致性腺激素水平相应提高，促进性腺发育。女性的性腺为卵巢，男性的性腺为睾丸。性腺的发育成熟使女性出现月经，男性发生遗精。

2. 性器官发育

女性的性器官包括卵巢、子宫及阴道。在青春期前，发育缓慢，8～10 岁发育加快，随后的发育速度则直线上升。子宫的发育从 10 岁开始到 18 岁止，长度增加了 1 倍，其形状及各部分的比例也有所改变。男性的性器官包括睾丸、附睾、精囊、前列腺及阴茎，其发育时间比女性晚，在 10 岁以前发育很慢，进入青春期后发育加速。

3. 性机能发育

性器官的迅速发育使青春期的女孩出现月经。月经初潮的年龄一般在 10~16 岁。女性月经初潮出现得早与晚，与其所处的地理环境、气候条件、经济水平以及营养状况等因素有关。月经初潮后，由于卵巢发育尚未完全成熟，因而在一定阶段内，月经周期并不规律，一般在一年内可达正常。男性首次遗精的时间也有个别差异，一般发生于 12～18 岁。

影响青春期青少年生长发育的因素很多，如遗传、营养、运动、生活条件、气候环境等。目前，由于科学技术的高度发展、现代文明的普及以及全球性气候条件的变化等，个体青春发育期普遍存在提前的趋势，这使青少年身心发展的不平衡性及矛盾性更加明显地表现出来。

进入青年初期后，个体身体的发育基本达到稳定状态。身高和体重的增长速度减慢，18 岁以后个体的身高增加得很少。其他生理结构和机能的发展也在此阶段减缓，并在不同的时段进入成熟状态。心肺、肌肉、骨骼等的生理机能大概在19岁达到成人水平；大脑和神经系统处于缓慢持续的发展过程中，要到20～25岁之后才能达到完全成熟。

第三节　少年期和青年前期的体育健身指导

少年期和青年前期是人生的关键时期，人在成年后的身体形态、各种身体能力水平及个性特征与少年期和青年前期的体育健身关系密切，体育健身对青少年的身心成长有重大的影响。少年期和青年前期的体育健身是终身体育的重要环节，是人们奠定终身体育基础的关键时期。

一、少年期和青年前期体育健身的特点和功效

（一）少年期和青年前期体育健身的特点

学校体育在少年期体育中占有十分重要的地位，其体育健身的特点如下：

1. 体育目的性强

少年的体育自觉性逐渐加强，参加体育活动的动机由间接向直接转化，自觉地进行体育健身的积极性不断提高。

2. 竞争意识强烈

少年期的体育内容多以各种竞技性项目为主，在运动中偏好于极限强度的负荷，喜欢有明确规则的体育竞赛活动。

3. 个性化趋势

少年期的体育兴趣和运动能力发展呈现个性化增强的趋势，与儿童期相比，明显出现两极化。

4. 性意识增强

伴随性意识的阶段化，少年期的男女学生在体育活动中表现出明显的排斥，到少年后期又发展为有意识地接近异性。

（二）少年期和青年前期体育健身的功效

（1）人的生长发育首先是骨的生长发育，少年经常参加体育健身可促进钙盐沉积（骨生长过程）、骨密质增厚、骨骼的抗折能力增强。

（2）可使肌肉获得充足的营养物质，使得肌肉体积增大，肌肉变得结实、发达、有力，并在科学锻炼的过程中变得匀称。

（3）使呼吸肌发达，从而提高呼吸机能和摄氧量，增强机体抗疲劳的能力，以满足少年学习的需要。

（4）在生长发育过程中加强体育健身，不仅可以改善心肌的营养状况，使心肌发达，心脏容积增大，从而使心脏搏动有力、每搏输出量增加和储备能力增强，还可以改善血管功能，使血液中的胆固醇含量降低，红细胞和血红蛋白的运氧能力增强，白细胞吞噬细菌的能力提高，从而增强身体的免疫功能。

（5）可提高大脑神经的灵活性和协调性，从而使反应能力和分析能力、记忆的深度和记忆时间的长度得以提高。青少年健身时要根据自身生长发育的特点来选择健身项目。

二、少年期和青年前期体育健身的指导要点

（一）培养良好的体育意识和体育习惯

随着年龄增长、身体发育和心理的发展，少年对体育活动的态度、认识、兴趣等发生了一系列变化。仅从兴趣出发为运动而运动、为游戏而游戏的情况越来越少，有目的、有计划地进行体育健身，追求正规化的、有明确规则的体育运动倾向逐渐增加。由于体育活动场所及器械的限制，也致使一些少年参加体育活动受限，加之学习负担重，升学竞争激烈，一些少年的体育兴趣随年龄的增长而淡化，进行身体锻炼的时间越来越少，这一倾向应引起重视。因此，培养青少年形成良好的体育健身意识和习惯，

使体育健身成为自觉的行动，是指导青少年体育健身具有重要意义的一个实际问题。一个人在少年时期是否形成良好的体育健身意识和习惯，不仅对身体的生长发育水平、个性形成和社会化的程度有直接关系，而且对是否能够终生进行身体锻炼和健康幸福地生活都有重要意义。

（二）系统掌握体育健身知识、技能和方法

少年期不仅是长身体的重要时期，也是知识不断增长、认识能力不断提高的时期。在这一阶段让他们掌握一些体育健身知识、技能和方法不仅是必要的，也是可能的。

首先，指导者应将身体锻炼与少年的知识水平、能力等实际情况相结合，不断丰富和深化体育基本理论与方法方面的知识。只有真正理解和掌握必要的体育基本理论知识，才能更自觉和更科学地进行体育健身，这也是形成体育健身习惯的认识基础。其次，要注意使少年系统地掌握参加体育活动的基本技能和基本方法，并将它们作为有效的体育健身手段，以完成这一阶段的体育任务，为终身体育打下良好的基础。

（三）培养良好的道德和个性

少年期的体育对一个人道德品质的形成及个性特点的发展具有重要作用。在多种多样的体育健身活动中，人际关系广泛、复杂、多样；一个人在体育健身活动中可以扮演多种角色，如成功者与失败者、组织领导者与被领导者、进攻者与防守者、懦弱者与勇敢者等；在体育健身活动中，情感体验丰富而强烈，且表现往往真实而外露。在体育活动中，既能真实暴露少年的道德水平及个性特点，也能完善和发展少年道德水平和个性。因此，在体育健身活动中，应注意引导少年养成尊重他人、关心他人、感恩他人、善待他人的品质和崇高的集体主义精神；注意培养少年勇敢、顽强、果断、坚忍不拔的意志力等良好的个性特征；克服各种不良习性与道德观念，这是指导少年体育健身的重要问题。

（四）提高运动能力，合理安排运动负荷，防止受伤

与其他年龄阶段相比，少年更加崇尚体育竞技，体育内容偏重于竞技项目，常采用极限负荷强度或极限负荷量，这不仅符合少年追求个人身体素质及运动能力的最好水平的一般心理特征，而且也是少年生长发育的客观需要。因此，在考核过程中，要适当要求极限强度达标的内容，同时也要明确少年的身体锻炼并非只有采用极限强度

和负荷量才是最佳方案，中小强度的负荷和坚持经常性的小负荷量累加的身体锻炼对促进少年的生长发育及身体素质的全面提高也是不可缺少的。更要明确极限强度的负荷对某些人应慎重，如健康状况不良或有疾患的少年不宜采用，以避免发生运动伤害事故。

（五）少年期和青年前期体育健身的注意事项

（1）青春发育初期的少年，因心肌纤维较细、心脏功能较弱和胸廓较为狭小，所以呼吸系统功能较弱，健身锻炼时不宜做负荷量和负荷强度过大、时间过长或“憋气”的运动。

由于少年的肌肉中含蛋白质和无机物较少，含水分较多，所以肌力较弱且易疲劳，但恢复快，加上骨骼含有机物多、无机物少（不易骨折但易变形）以及关节和韧带的力量薄弱且关节的稳固性较差，除要注意培养正确的坐、立、走、跑及其他运动姿势外，还应注意不要长时间地反复跑跳；力量练习的负荷不能过大、时间不要过长。

因少年有活泼好动、易兴奋但易疲劳等特点，除适当控制运动量和强度以及运动时间不能过长外，还要相应增加运动时的间歇次数。

少年初期的体育健身应以发展灵敏性、协调性、柔韧性的项目为主，如简易武术、体操（徒手体操和简单的艺术体操、垫上运动等）、原地跑和跳等。

少年初期运动场所的选择应以风和日暖的户外为主，以利于骨骼的生长发育。同时，还应选择运动人群和器械较多且安全的运动环境，以满足其运动特点和人际交往需求，但绝不是空气混浊之地。

（2）发育中期的青少年，虽然在身体机能和形态方面有所变化和发展，但却较明显地带有发育前期的体质特征。因此，体育健身时应在适合发育前期运动项目的基础上，增加一定的运动量和强度，如增加一些健身跑等强度刺激和力量负荷适当的运动项目。

（3）发育后期的青少年，由于身体机能和形态趋于成熟，与成年人相差不多，承受负荷的能力提高较快。因此，体育健身时应适度增加运动强度和运动量以及对抗性较强的运动项目。

[思考题]

①——儿童、青少年身体发育的特点有哪些?

②——儿童、青少年心理发育的特点有哪些?

③——儿童、青少年身体素质敏感期有哪些表现?

④——如何对儿童进行体育健身指导?

⑤——如何对少年、青年前期进行体育健身指导?

第十二章　职工体育及其健身活动指导

本章导读—— 职工体育是社会体育的组成部分，是在工商、企事业、机关、团体等单位职工中开展的体育活动的简称。职工体育主要以职工喜闻乐见的运动项目和适合职业岗位劳动特点的各种有益于健身和娱乐的健身项目为主，如开展工前操、工间操、小型多样的竞赛活动、运动会等形式的体育活动，最终达到提高职工健康水平、振奋职工精神面貌、调节职工情绪情感、增强职工社会适应能力和防止职业病等目的。本章主要介绍职工的身心特点、职工体育的健身指导要点、职工体育的活动内容与形式以及部分时尚户外运动健身方法的指导要点等内容，以期能为社会体育指导员开展工作提供帮助。

第一节　社会转型对职工体育发展的影响

1978年以来，中国社会经济进入了快速发展阶段，中国社会发生了巨大的变化。这个阶段出现了社会转型与经济体制转轨并存，政府和市场的双重启动，第一次现代化和第二次现代化同时开展等特点。这一转型过程对社会体育也产生了重要影响。

一、我国的社会转型趋势及对社会体育发展的影响

（一）计划经济体制向市场经济体制转型使社区体育的服务功能得到加强

我国推行的市场经济体制以供求关系为基本要素，以满足人民不断增长的生活需求为基本出发点。市场的建立是依靠不断加强服务来实现的，因此向经济体制的转型，首先引发的就是社会服务的发展。社会服务的发展必然带动社会体育服务功能的发展。

（二）政府职能的"管办分离"推进了体育社团的发展

近年来，政府职能的转变主要体现在"管办分离"的改革方面，其主要措施就是自上而下地放权（办事权）。政府不再插手具体事务，集中精力做好制定政策、协调

监管工作，具体事务工作交给基层组织和专业机构（社会团体）进行处理。这种管办分离的措施将极大地促进民间社团的成长与壮大，提高社会效率。这种管理体制的转型会对社会体育的发展产生重大影响。在“管办分离”的过程中，势必加速以行政隶属为主的纵向系统社会向以中介联盟为主的横向结构社会转型。因此，以中介联盟为主的横向组织（如社区体协）和自治管理的体育组织（如社区体育俱乐部）将成为社会体育的基本组织形式。

（三）社会群体结构由刚性向弹性转型导致社会体育多元化格局的形成

改革前，我国社会群体可分为工人、农民、干部、服务人员、知识分子等几大类，其界限分明，不同群体间差异较大，而群体内差异较小，呈刚性结构。改革开放后，各群体间界限开始模糊，行业间差距缩小，行业内差距扩大，呈弹性结构。这种由刚性结构向弹性结构的转化反映了我国群体结构多元化的趋势。群体结构的多元化必然会产生多元化的需求，使社会生活丰富多彩。这种多元化结构和需求，同样也会影响到社会体育的多元化发展，即要求社会体育须以多元组织和多元服务来适应市民的多元化需求。

（四）进入“小康型”社会导致社会体育文化需求量增加

改革开放后，国民收入不断提高，人们开始讲究生活质量。5 天工作制实行后，生活结构中的余暇比重迅速上升，使人们有时间进行休闲娱乐活动。我国大部分城市居民现已进入“小康”时代。人们的基本生活需求得到满足后，文化享受的需求就会上升至主要地位。文化活动在生活结构中的重要性将越来越突出。因此，社会体育必须做好丰富体育文化生活的准备，以适应社会的发展。值得注意的是，当前城市居民的体育意识较为淡薄，余暇生活方式比较消极，所以必须采用有效方法，引导市民参加社会体育活动，如采用以文化为主的、富有乐趣的、给人享受的、促进人际关系发展的体育健身和休闲娱乐的方法。

（五）社会保障体制转型使社会体育架构朝建立全民健身保障体系发展

近年来，政府在实行社会化管理的过程中进行了一系列改革，社会保障朝着建立统一的社会化管理体制方向发展。这些改革顺应了单位制转型的社会需要。社会保障体系已成为市场经济体制稳定发展的重要保证。在社会保障体系的大框架下，社会体育必然会受其影响，在体制结构上向保障体系靠拢，这对改变过去开展社会体育时“重活动轻保障建设”的现象具有十分积极的意义。

（六）人治社会向法治社会转型导致社会体育政策法制化

改革开放以来，我国颁布了一系列重要法律，人们的法律观念大大增强，过去那种无法可依的局面得到了根本改变。随着《体育法》《全民健身条例》等法规实施的不断深入，社会体育的“法治”化管理是必然趋势，社会体育应主动适应社会转型的要求，积极进行法制化改革。

二、社会转型背景下职工体育的特征

（一）职工体育的价值观念发生变化

转型期的职工群众不仅是在头脑中认识到体育的重要，而且由于他们生活水平的提高、闲暇时间的增多、工作竞争的压力加大等原因，对体育的需求也越来越强。计划经济时期，各单位主要依靠大型的、集中的体育活动激发职工的爱厂热情，振奋职工积极向上的精神，增强职工的凝聚力。但在转型期，如果企业的职工体育仍停留在这个层面，显然已经远远不够，它既难以满足企业文化建设的需要，也难以满足职工的精神文化需求。

（二）职工体育的活动内容多样化

在计划经济时期，职工体育的主要活动内容多从增强体质出发，以集体性的广播体操、比赛和运动会为主。进入转型期后，职工对这些内容的兴趣逐渐下降，体育活动正沿着健身、调心、益群等多维度展开，并与其他文化形式和社会发展相结合，呈现出武术、健身操、各种舞、趣味游戏等各种类别的健身项目争奇斗艳的局面。各晨（晚）练点、辅导站、老年职工门球队、青年职工的健身健美活动小组等应运而生。这使得开展职工体育的难度和工作量大大增加，企业职工体育的专兼职干部不仅需要寻找组织体系与群众自发形式的结合点，还需要确定大、中、小型活动之间的关系和摸索新的工作方法，并建立人数众多的业余体育骨干队伍。在转型期，我国职工体育的竞赛制度主要以普及为主，参赛人员多，项目大众化，贴近生活，职工自发性强。

（三）职工体育的活动时间业余化

市场经济体制下的各个单位（特别是企业）之间面临着强大的竞争压力，因而占用工作时间开展体育活动受到了越来越多的限制，无论是管理者还是一般职员，已经在逐步接纳业余体育的观念。职工体育活动的业余性将成为必然。

（四）职工体育的活动地点社区化

许多职工利用业余时间在其所居住的社区就地就近地进行体育健身，成为社区体育的主体。现在大多数社区内都建有体育设施，职工群众在闲暇时间可以进行体育健身，加之大量离退休人员、老年人也加入到社区体育活动中，为社区营造了较浓的体育氛围，吸引了越来越多的职工从参加单位的体育活动转向参加社区体育活动，并成社区体育的主体，社区体育也因此成为职工体育的延伸。新时期的职工按照自己的喜好支配业余生活的主体意识日益增强，并明显带有广大职工自觉自愿的特征。这使得原有模式下的运行机制受到了挑战，现阶段的运行机制呈现出指令性与非指令性并存的特性。

（五）部分企事业单位开始创建和兴办面向大众的体育服务经营实体

改革开放以来，我国经济体制格局和运行机制已发生了很大变化。以公有制为主体、多种经济成分并存的所有制结构已初步形成，外资独资企业、三资企业（合资）、民营（私人）企业等大批出现。国家鼓励、支持企事业单位和个人兴办面向大众的体育服务经营实体。一部分企事业单位有能力建设和改善体育活动设施，而且能创造条件向社会开放，这可以为提高我国群众体育参与水平和满足人们健身需求作出贡献。

（六）职工体育纳入大社会的网络系统

转型期的职工体育突破旧模式的封闭，着意于横向拓展，实际上就是把以前组织上分散隔离的体育模式纳入到大社会的网络系统，以便更加充分合理地利用我国目前还十分紧缺的体育资源，提高职工的体育参与率。当前，我国单位体育的开展逐渐打破由各企事业、行业独家和“条条块块”封闭分割的格局，开始朝横向发展，并陆续出现了与其他企业、事业单位联合，或与社区体育交叉的新型网络化组织体系，以及较为稳定的单位体育组织形式，如以单位体育俱乐部为基础的群众体育组织、厂矿企业建立的基层单位体育组织等。

（七）农民工和私营企业职工的体育活动提上议事日程

农民工和私营企业职工的健康和参加体育健身活动的问题，已经引起社会的广泛注意。在一些私营经济实体里，由于对职工缺少人文关怀，缺乏基本的体育活动条件，职工的身心健康、职业病的蔓延已经引起有关部门和学界的重视，并呼吁尽快制定相关政策和措施，要求企事业单位向他们提供一定的活动场所，让他们享有从事体育活动的权利，享受体育生活的乐趣。

第二节　职工体育活动的内容与管理

随着我国社会经济的不断发展，人民群众的生活水平日益提高，广大职工的体育健身意识明显增强，行业职工体育协会纷纷建立，职工体育组织网络体系正在形成，各级各类职工体育赛事不断增多，职工群众性体育健身活动日益活跃。但与此同时，社会转型期中的所有制形式和劳动就业制度的改变，使一些企事业单位的组织形式、经营方式、用工方式发生了深刻变化，这些变化给传统职工体育管理模式提出了新问题，职工体育发展面临着新挑战。

一、职工体育的活动内容与形式

（一）职工体育的活动内容

职工体育的活动内容应该是丰富多彩的，活动项目也应该是灵活多样的。它不仅包括竞技体育项目，还包括竞技体育项目以外的活动内容。职工体育既包括单位工会和文体部组织的工间操、职工运动会、爬山等正式的活动内容，也包括职工在单位“工人俱乐部”“文化宫”“棋牌室”等活动场所自发开展的各种球类、棋牌类体育活动，当然也包括职工在小区里参加的各种体育活动，如太极拳、太极剑、气功、健美操、健身秧歌等。此外，适合个人进行的且灵活自由的散步、慢跑、游泳、骑自行车、广播操、登山、垂钓、上下楼梯等都属于职工体育的范畴。

（二）职工体育的活动形式

现代社会，职工体育的活动空间正在突破单位的框框，进入更开放的社会，已经扩展到社区、俱乐部、家庭、体育娱乐中心、体育活动集散地等。

职工在单位参加的体育活动形式主要有工间操、职工运动会、单位体育俱乐部等。为了调动职工参与体育健身的积极性，吸引更多的职工参加体育健身活动，职工体育需要不断创新，并结合企业单位的特点来增强体育活动内容的趣味性。例如，银行职工的 50 米数钱往返跑、钓鱼跑等，经常坐办公室的职工可以举行踢毽子大赛。

职工体育正逐渐走入社区、家庭、俱乐部、体育娱乐中心。职工喜欢在零星时间里参加社区丰富多彩的体育活动。这些活动能有效地帮助职工健身和提高工作效率，也可以帮助职工健心和调节情绪，还可以丰富职工的文化生活和提高生活质量。

家庭体育与职工体育的发展息息相关，家庭幸福与和谐是职工健康的前提。家庭体育不仅可以调动职工进行体育健身的积极性，也可以使他们享受亲子之乐。家庭体育的形式可以是个人的，也可以是全家的，如乒乓球、跑步、散步等，还可以通过体育器材进行健身。

职工体育俱乐部为职工进行体育健身提供了固定的场所。这是职工坚持健身的物质保障。职工不仅可以在俱乐部里掌握各种体育健身项目，还可以因为共同的爱好结交朋友，缓解工作压力，加深同事间的理解。

二、职工体育的组织管理

职工体育的组织管理是职工体育思想、组织、事业三大建设内容之一。职工体育组织健全与否，对职工体育运动的发展关系极大。

（一）职工体育的组织管理机构

职工体育工作管理的组织包括行政组织和社会组织两大类。行政组织分为两种类型：一是对体育事业实行全面管理的专门机构，即国家、省、自治区、直辖市、地（市）、县各级体育局。各级体育局是主管职工体育工作的部门，国家体育总局群众体育司实施统一的领导、协调和监督。二是各级各业的体育工作由其主管部门负责，并有相应的体育机构，职工体育的主管部门应为各产业部门。

管理职工体育的社会组织分为群众组织和体育社团两种。群众组织主要是工会、妇联和共青团，而体育社团主要是指各行（产）业体协。它们既是群众团体，又是领导本部门开展职工体育的职能单位，接受体育总会和本部门的双重领导。需要指出的是，我国职工体育的组织管理历来是以工会为主，体育局负责指导、配合和协调。近年来，随着城市经济体制改革的深入，我国职工体育的组织管理出现了许多创新和发展。一些省区市建立了职工体育协会、联合会和基金会，一些城市建立了片区联合的地区体协和街道体协，有的厂矿建立了宿舍区的社区体协。

（二）职工体育的基层组织管理方式

1. 单位领导对职工体育的直接管理

企事业单位的领导层对职工体育的认识水平和态度直接影响着本单位职工体育的开展。只有领导层充分认识和理解职工体育的功能与作用，认识到开展体育活动与单位主业之间的相互关系，才能对职工体育给予各方面的支持。因此，职工体育的基层组织应当经常向领导层宣传、汇报和请示体育工作，使领导层对职工体育工作给予重视和支持。

2. 制订职工体育工作计划

管理工作离不开目标，目标的实现离不开计划。要使职工体育工作持续高效地发展，必须认真制订本单位、本系统职工体育的工作计划，并纳入企事业单位的整体发展规划之中。职工体育工作计划应包括工作目标、组织机构、规章制度、体育经费、场地设施的投入与建设、体育活动内容、竞赛组织安排和检查验收方式等内容及其保障措施。

3. 做好宣传鼓动工作，营造良好的职工体育氛围

一般来说，体育行为受体育意识和体育价值观的影响，要使广大职工自觉积极地参加体育活动，应采用板报、广播、电视、报纸、演讲、体育竞赛等方式大力宣传体育的功能，通过宣传科学健身的知识和方法，以及体育健身积极分子的事迹，去影响职工的体育意识和营造浓烈的体育健身氛围。

4. 充分发挥体育骨干的作用

体育骨干是各单位职工体育组织开展活动的中坚力量和积极分子。许多具体工作由他们来完成和执行。因此，企事业单位工会应注意发现、培养和大胆使用体育骨干，使之在职工体育活动中发挥支撑、带头、示范和组织作用，启发和带动更多的职工参与体育活动。

5. 定期组织丰富多彩的体育活动和竞赛

开展职工体育活动要突出特色、趣味性和健身性，并组织丰富多彩的体育活动和竞赛表演，以吸引广大职工投身于体育活动之中。这也是职工体育组织管理工作的主要内容和基本方式之一。

6. 建立职工体育工作检查评比制度

对下级各部门的职工体育工作进行检查评比和奖优罚劣，是促进职工体育发展的一个有效措施。职工体育管理部门和组织应当定期对下级各部门体育活动的开展情况进行检查和评比，对于成绩突出的个人、车间、班组、科室等给予物质或精神奖励，对于不响应、不参加、不组织体育活动的部门和组织给予相应的批评和处罚。

三、职工体育的资金管理

体育资金管理是职工体育管理的重要内容之一。加强职工体育的资金管理，积极筹措资金，并正确分配和合理使用，对于加快职工体育事业的发展和提高职工体育资金的使用效果具有极其重要的意义。

（一）我国职工体育资金的来源

我国职工体育资金的具体来源主要有以下几个方面：

1. 社会公共消费基金

在我国国民经济总收入中，有一部分资金专门用来满足劳动者的公共消费需求。这些需要包括文化、卫生、体育、教育等方面，这种费用叫公共消费基金。职工体育经费的大部分就来自于公共消费基金。

2. 职工体育组织的自筹资金

该部分资金主要包括各种体育服务的报酬和运动竞赛的门票收入；在竞赛活动中收取广告费，以及出售产品、纪念品、商标和徽标使用权等；组织优秀运动队表演和比赛的门票收入；修理体育器材以及生产体育物质产品等；出售体育科技成果；争取社会赞助；银行贷款。

（二）职工体育资金的分配依据和步骤

1. 按工作类别进行指令性分配的依据

（1）各单位近几年经费开支情况，重点是上一年度的情况。

（2）现有财力情况，可分配的经费数额。

（3）各单位发展计划和实际业务需要。

（4）上级有关经费分配的政策和规定。

（5）各单位实际工作成果和经营能力。

2. 实行经费指令性分配的步骤

（1）固定开支款项。

（2）留出一定比例的机动经费，以支付计划外的应急需要。

（3）确定单位的职责范围和工作重点，以及各类工作的经费比例和全年经费额。

（4）按各单位需要实行经费包干、结余存留、超支不补、节约奖励。

四、职工体育竞赛管理

（一）职工体育竞赛管理的目标

职工体育竞赛管理的目标与其他活动管理的目标一样具有导向和控制功能，其目标就是为了使职工体育竞赛科学地、经济地和高效地进行，整个体育竞赛的组织管理应达到既定的标准和要求。职工体育竞赛的目标一般可以分为三个层次：

（1）促进本单位职工运动技术水平的提高，为参加上一级职工体育管理部门组织的体育竞赛活动做准备。

（2）推动本单位职工群众性体育活动的开展，增强职工的体质与健康。

（3）丰富本单位职工的业余文化生活，促进本单位的精神文明建设。

（二）职工体育竞赛计划管理

职工体育竞赛计划是科学有序地开展职工体育竞赛的工作依据。它是体育竞赛活动的重要法律性文件之一。体育竞赛计划一般以年为时限，其制订的依据是本单位职工体育工作的需要和上一级职工体育工作管理部门的体育竞赛计划。

制订职工体育竞赛计划的内容主要包括：该年度体育竞赛的目的与任务、种类与规模以及要求与措施。需要注意的是，体育竞赛的安排要有较强的稳定性，不能“朝令夕改”；要根据职工体育的发展规律安排竞赛计划；竞赛时间、地点不宜过分集中，要考虑训练工作和竞赛承办单位的负担能力；要充分考虑竞赛项目的季节特点，科学安排竞赛日程等。

（三）职工体育竞赛的过程管理

职工体育竞赛的过程管理是指对某项具体体育竞赛活动的管理，即依据年度竞赛计划的规定，确定某项具体竞赛活动的组织方案，进而建立相应的组织机构，有目的地协调竞赛活动中的人、财、物、时间和信息，以保证整个竞赛活动顺利进行。就一次竞赛工作而言，其组织管理工作依次分为赛前管理工作、赛中管理工作和赛后管理工作三个阶段。其中，赛前准备工作的管理是关键环节。它主要包括研究确定组织方案、经费的开支预算、建立竞赛组织机构、拟订工作计划和行为准则、编制竞费秩序册等。

第三节　职工体育的文化建设

职工文化是单位文化和体育文化整合的结果。在单位职工体育文化整合的过程中，它是以单位文化为主位文化，以单位的价值观为核心价值观，对体育文化进行重新建构的过程。

一、职工体育的文化分类

职工体育文化可以划分为三个层面：一是物质层面，包括单位的体育建筑、场地、器材、绿化环境等；二是制度层面，包括体育教学、体育竞赛、体育协会、体育交流等体育活动的政策、体制、组织、规划；三是精神层面，包括全体成员的体育意识、体育精神、体育情感、体育道德、体育理想、体育行为习惯等。职工体育文化是单位精神面貌的体现。上述三个层面相互联系，相互促进，共同发展。职工体育文化建设以体育物质文化建设为依托，体育制度文化建设为表征，体育精神文化建设为核心，反映着单位职工的整体体育精神风貌。

二、职工体育文化建设的作用

体育文化建设是促进广大职工身心健康的重要保证，也是单位加强管理、提升人力资本、促进生产和提升单位文化的重要手段和组织形式。加强体育文化建设有利于单位文化的健康发展和单位的长远利益。

（一）职工体育文化的教育作用

体育运动本身就是一项具有丰富内涵的教育活动。它不仅可以增强人的身体素质，磨砺人的意志，同时还教会人们正确地面对成功和失败，培养人们“拿得起放得下”的豁达胸怀。作为体育运动灵魂与核心的体育文化，继承了体育运动的教育作用。而职工体育文化是单位文化和体育文化的整合，是公司企业文化的结晶。它不仅可以陶冶职工的情操，帮助职工树立正确的事业观、人生观和世界观，还可以培养员工的竞争精神、拼搏精神以及员工之间的团结协作精神，这是单位通过开展职工体育活动和宣扬职工体育文化而获得的巨大精神财富。

（二）职工体育文化是单位文化的一种展现

单位文化是由本单位的价值观、信念、符号、处事方式等组成的特有的文化形象。体育文化是单位文化体系的重要组成部分和单位管理不可或缺的内容，是单位发展的助燃剂，是单位精神文明建设的重要载体，是展示单位形象的平台。由于体育活动的外显性，体育文化是较容易传播的。在开展职工体育活动时，单位可以利用宣传媒体和舆论工具，将理念文化、制度文化等抽象概念转换为具体符号，通过大众媒体、宣传板、秩序册等手段来实现。其主要内容包括职工体育中每个运动项目的名称、标志、职工的运动服装、宣传口号、体育用品、体育器材设备等；全力创新文体活动的组织形式，使职工体育文化处处展现本单位的文化。

（三）职工体育文化有益于职工的身心健康

生活压力大、工作节奏快是现代社会的特征，同时也是许多职工共同面临的问题，而这些问题使职工的身心疲惫不堪。职工的身心承受了太多的压力，需要缓解一下紧张的情绪，放松一下疲惫的身体。无论是从单位的利益角度考虑，还是从职工的身心健康考虑，加强职工体育文化建设都是非常有意义的。通过开展职工体育活动，职工暂时忘掉了工作中的烦恼、焦虑和紧张，身体得到锻炼，精神得到放松和愉悦。同时，通过参与体育活动，能调动职工生活的热情，使职工感到生活的美好，并且能增强职工面对困难的勇气和克服困难的信心。

三、职工体育文化建设的途径

（一）有效整合单位文化和体育文化

进行单位文化和体育文化的整合，要通过物质、制度和精神三个层面进行，要采取互相借鉴、吸纳渗透、同化于优的动态文化整合模式。在建设职工体育文化的过程中，要结合单位自身的特点，吸纳体育文化的核心理念，优化职工体育文化的行为制度，加强职工体育的组织管理，改革创新职工体育活动的形式，使其与本单位的核心理念高度契合，并符合职工体育的特色，调动职工参与体育活动的积极性，最终形成独具单位特色的体育文化体系。

（二）加大体育知识宣传力度，引导职工全面认识体育

工会体育主管部门应重视职工体育知识的宣传活动，可以通过开展体育专题讲座、体育知识竞赛、图片资料展览、黑板报、宣传手册、组织观摩体育比赛等形式宣传体育知识，扩大职工体育在职工中的影响力；大力倡导科学、健康、文明的生活方式，引导职工关心自己的健身活动，让更多的职工参与职工体育；定时向职工宣传国家的相关体育法规，以便职工维护自己在体育健身方面的合法权益。

第四节　职工体育健身方法的指导要点

职工休闲体育是现今社会诸多时尚文化中的重要部分，是人们崇尚自由、回归自然，走出家门、休闲娱乐，挑战自我、获取身心健康平衡的真实写照，它已经成为人们的一种重要的健康生活方式。

一、有氧运动

有氧运动的典型特点是持续时间较长、强度适中。人们在日常生活中经常从事的有氧运动包括步行、跑步、骑自行车、游泳、登山、健美操等。由于有氧运动自身的特点，所以它是非常适合职工开展的体育健身项目。

1. 快步走

有氧步行的方式有快步走、慢走、赤脚走、倒走、踏石走以及走跑结合等。快步

走是指速度约为100米/分钟且步幅适中的行走。它对锻炼人的心肺功能、加强呼吸功能、防止关节老化、缓解紧张的生活压力和调整心理状态等都有较好的效果。适宜快步走的人群非常广泛，广大企业的青年人、中年人以及身体素质较好的老年人都可以从事这项运动。

2. 慢跑

有氧跑步看似简单，但是可以通过变化适应不同人群的需要，并且使运动变得有趣起来。

（1）持续性慢跑。其特点是跑步的速度较慢、时间较长（一般为20～30分钟）。跑步时要求上体正直、前后摆臂、全身协调。

（2）背向跑：这种跑步方法是一种独特的运动方式，它对于跑步姿势的要求比较高，需要一定的技术基础。在背向跑的时候，要抬头挺胸，双手握拳贴在腰部两侧，并且随跑步的频率前后摆动，跑步时尽量将小腿抬高些。由于人们习惯了向前跑，在改变运动方向的时候不容易掌握好重心，容易摔倒，所以要在脚向后移动的时候及时将身体的重心向后移。

3. 水中有氧运动

游泳是一种对健康非常有益的运动。在众多的运动项目中，游泳最能够调动人全身的组织和器官，使人的身体素质得到全面提高。除了常见的游泳外，还有很多水中健身方式也是非常有益于健康的。

（1）游泳：一般采用蛙泳、自由泳混合游泳姿势。它是职工最喜爱的运动之一，也是非常有效的有氧运动，对于提高肺活量和增强体质都是十分有效的。

（2）水中跑步：这里所指的水中跑步运动要求健身者穿上特制的水中运动衣，然后在齐腰深的水中做跑步运动。穿上水中运动衣的目的是让身体微微向前倾斜，增强浮力和避免呛水。这是一项非常安全的运动项目。在水中跑步时，由于身体所受的阻力比较大，所以需要肺部的工作量大大增加，心脏收缩也要更加有力，以保持正常的呼吸和运动所需要的氧气。这不仅锻炼了心肺功能，而且还能加快新陈代谢，使机体保持良好的状态。

二、室内健身运动

由于人们的学习、工作及生活节奏比较快，或者由于自然条件的限制，一些室内健身活动日益受到大众的喜爱。室内健身项目主要有器械、形体、羽毛球、游泳以及游戏等。

1. 跑步机

跑步机使人足不出户就可以进行跑步健身，而且还可以同时享受音乐或者观看电视节目，一举多得。另外，现在的跑步机上一般都会有心率、速度、时间、距离等电子显示系统，可以很好地帮助人们控制运动强度。

2. 健身球

健身球是一种体积很小的健身器材，两个为一对，主要通过手指的运动使两个球在手中转动。健身球分为大、中、小三个型号，人们可以根据自己手掌的大小选择合适的型号。健身球可以通过手指的运动舒筋活络和调节情绪，也可以玩出花样，如双手玩、单手玩、内外跳球等。健身球体积很小，可以在外出时放在包里，空闲的时候就拿出来转动一会儿。

3. 健身车

健身车是一种非常流行的室内健身器械，包括方管式、芬兰式、磁控式、靠背式等多种款式。它可以有效地锻炼腿部肌肉，适合减肥、康复、腿脚不便以及普通人群使用。另外，由于健身车的款式多样，所以人们可以根据不同的需要进行选择。如果练习者只是单纯想锻炼腿部肌肉，可以选择固定手柄式；如果想同时进行手臂练习，可以选择活动手柄式；如果想让运动过程变得舒适些，可以选择靠背式。

4. 拉力器

拉力器的主要作用是做扩胸运动，锻炼胸部和背部的肌肉。目前，市面上出售的拉力器主要是弹簧拉力器，由 4 根或者 6 根弹簧组成，人们在锻炼时只要握住两端的把柄，用力将其拉开即可，还可以根据自身的情况增减弹簧的数量。

5. 羽毛球

羽毛球是目前职工最喜爱的运动项目之一。羽毛球的基本技术包括发球、击高球、吊球、杀球（扣球）、搓球以及步伐节奏等。

6. 健身操

健身操是人们根据需要而人为地创造动作去进行练习的一种运动方式。为了达到增强体质的目的，人们可以改变健身操的身体姿势、动作方向、动作路线、动作频率、动作速度和动作节奏等。健身操包括有氧健身操、办公室健身操、拉丁健身操、搏击健身操等。

三、户外健身运动

（一）拓展运动

拓展运动的原意为一艘小船驶离平静的港湾，义无反顾地驶向未知的旅程，去迎接一次次挑战。现意是指在自然地域，通过模拟探险活动进行的情景式心理训练、人格训练、管理训练等。它是一项集求生、惊险、刺激、娱乐和教育于一体的极限运动。通过培训师的引导和讲解以及各种有趣的游戏、身体的磨砺等亲身感受方式，使参与者达到“磨练意志、陶冶情操、完善自我、熔炼团队”的目标。拓展运动已逐渐成为一种与传统的灌输式教育模式相辅相成的体验式教育模式。

（二）垂钓

垂钓俗称“钓鱼”，是通过使用钓竿、鱼钩、鱼线等工具从江、河、湖、海及池塘、水库等水域获取鱼类的一项休闲娱乐活动。因其经常在空气清新、风景秀丽的海滨、湖畔或江河边进行，既可以陶冶情操，又有益于身心健康，所以逐渐发展成为一项体育竞技运动。一年四季均可进行垂钓运动，但春、秋两季最适宜。垂钓者或站、或坐，动静结合、老少皆宜，与鱼儿比耐心、比力气，在抛竿、收线中获得无限快乐。

垂钓属于一种轻体育运动，是一项动中有静、静中有动、形神合一、净化心灵的体育活动。与其他户外运动相比，垂钓的设备简单、易学，适用人群广泛，随意机动性和精神愉悦性强。

（三）登山

登山是一项老少皆宜的大众运动项目，作为其雏形的是人类登山采集生活资源的行为，它几乎与人类历史同样悠久。山地上常有野生树木，木材、食物等隐秘其中，依山生活的原始人类为生存需要上山采集生活用品、捕捉猎物，由此产生了最初的登山运动。普通登山运动具有适应面广、运动成本低、技能要求低、运动功效显著、趣味性强等特点，已成为风靡世界的群众体育项目。

四、其他健身运动

除了上述健身运动外，在职工体育活动中，广播体操、篮球、乒乓球、太极拳、瑜伽、健美操、社区健身路径、健美运动、骑自行车等都是职工体育活动中广泛开展和职工喜爱的健身项目。

[思考题]

①——社会转型背景下职工体育有哪些特征？

②——职工体育文化建设的作用有哪些？

③——职工体育活动管理有哪些内容与形式？

④——职工体育活动管理有哪些注意事项？

⑤——简述职工体育健身方法指导要点。

推荐阅读书目

[1] 黄希庭．心理学导论［M］．北京：人民教育出版社，1991.

[2] 张英波，杨锡让．运动技能控制与学习［M］．北京：北京体育大学出版社，2003.

[3] 张力为，毛志雄．运动心理学［M］．上海：华东师范大学出版社，2003.

[4] 于振峰，赵宗跃，孟刚．体育游戏［M］．北京：高等教育出版社，2007.

[5] 刘淑慧．体育心理学［M］．北京：高等教育出版社，2006.

[6] 邓树勋，王健，乔德才．运动生理学［M］．北京：高等教育出版社，2006.

[7] 卢元镇．社会体育导论［M］．北京：高等教育出版社，2010.

[8] 卢元镇．社会体育学［M］．北京：高等教育出版社，2002.

[9] 唐铁汉．公共服务创新［M］．北京：国家行政学院出版社，2007.

[10] 全国体育院校教材委员会．实用体育管理学［M］．北京：人民体育出版社，2007.

[11] 登哈特. 新公共服务：服务，而不是掌舵 [M]. 北京：中国人民大学出版社，2010.

[12] 王瑞元. 运动生理学 [M]. 北京：人民体育出版社，2002.

[13] 杨静宜，徐峻华. 运动处方 [M]. 北京：高等教育出版社，2005.

[14] 王健，何玉秀. 健康体适能 [M]. 北京：人民体育出版社，2008.

[15] 肖林鹏. 体育管理学 [M]. 北京：北京师范大学出版社，2011.

[16] 任海. 试论新时期我国职工体育面临的挑战与机遇 [J]. 北京体育大学学报，1994 (1).

[17] 王凯珍. 社会转型与中国城市社区体育发展 [D]. 北京：北京体育大学，2004.

[18] 李建国，吕树庭，黄新光. 社会体育 [M]. 北京：人民体育出版社，2004.

[19] 张蕴琨，丁树哲. 运动生物化学 [M]. 北京：高等教育出版社，2006.

[20] 杨则宜. 运动营养师培训教程 [M]. 北京：人民体育出版社，2008.

[21] 陈吉棣. 运动营养学 [M]. 北京：北京医科大学出版社，2002.

全民健身相关文件

“健康中国 2030”规划纲要

社会体育指导员管理办法

全民健身计划（2016—2020 年）

全民健身条例